乳幼児の言葉が

生まれ・育って

保育内容『言葉』

監修：河合 優子

編著：並木 真理子／桐川 敦子

著：

岡本 かおり／尾根 秀樹／小林 由香／篠沢 薫

新家 智子／前田 敬子／村田 康常／山口 理沙

アイ・ケイ コーポレーション

はじめに

監修者　河合　優子

　私たちは日々言葉を使っている。会話のみならず，読む，書く，考える，…いずれも言葉なくしては行うことができない。そしてその言葉（主に母語）はいつのまにか身についているものであり，実にふしぎで興味深い。赤ちゃんが初めて「マンマ」と発したとき，周りの大人は「しゃべった」，「自分のことだ」，「いやご飯のことだ」とうれしく語り合い，赤ちゃんに触れたり話しかけたりする。この場面に，安心，表出，応答，触れ合いなどといった，人が言葉を獲得し豊かにしていくための根を張る土壌がうかがえる。乳幼児期の言葉は，他者との関わりと両輪となって発達していく。

　近年，ICTの発展により，インターネットで注文して宅配で品物を受け取る，無人レジで支払いを済ませるなどのことが多くなってきた。こうした便利な生活の中では他者と接することも会話を交わすこともなく過ごすことが可能である。また，子ども向けの動画やアプリなども豊富にあり，機器を相手に子どもだけで過ごすことも可能である。さらに少子化や大人の多忙化により，子どもがいろいろな人とゆっくりと関わることが難しくなっている。だからこそ，乳幼児期の言葉が人との触れ合いを通して育まれることの重要性を，保育者が実感を伴って理解し，保育を通して子どもにも大人にも伝えていく必要がある。

　子どもは保育者との温かな応答関係の中で，欲求を表出し受け止めてもらう心地よさを感じながら，周囲の人の言葉を聞くという言語環境からの刺激によって言葉を獲得していく。発達するにつれて物には名前があることを知り，自分の思いや遊びの中で発見したことをしぐさやまなざしなどを含めて自分なりの言葉で伝えようとしたり，言葉を使って考えたりするようになる。さらに，友だちと一緒に遊びや生活を楽しむようになると，喜びや葛藤など多様な感情を体験しながら，対話を通して相手の考えを知り，自分に取り込んだり，新しい考えを構築したりしていく。そのプロセスにおいて，言葉は重要な役割を果たしている。こうして育まれた乳幼児期の言葉が，小学校以降の学習や生活の基盤となり，将来にわたって，その人を支えていくのである。

　本テキストは，保育者を目指す学生を主な対象としている。幼稚園教育要領，保育所保育指針，幼保連携型認定こども園教育・保育要領に示されている領域「言葉」をベースとしながら，子どもの言葉の発達や豊かな言葉を支える，児童文化に関わる内容を網羅している。また，理論編と実践編の2部構成とし，乳幼児期の言葉の発達や言葉を育む保育者の役割などについて，事例や演習を通して，子どもの姿や教材などに触れながら理解を深めていただけるように構成されている。各章末のワークシートは，授業のみ

ならず個人で学ぶ際にも役に立てていただけるよう工夫されている。

　本テキストをきっかけとして，乳幼児期における言葉の発達のプロセスや重要性，子どもと共に営む保育の楽しさや豊かさに心を寄せていただき，皆さんの学びや実践を通して，人生の始まりの時期に言葉が豊かに育まれることにつながれば，このうえない喜びである。

2024年3月30日

編著者のことば

　編著2名は，保育現場で子どもたちの保育に当たっていた経験があり，長年にわたり子どもと共に歩んできました。子どもたちと笑い合い，共に考え，遊びや生活の中で学んできました。保育の仕事をしてきたことについて，大変幸せだったと感じております。皆様にも，ぜひこの喜びを味わってほしいと願います。

　言葉について学び，言葉を大切にしながら，子どものことばに耳を傾け，子どもとの対話を積み重ねてほしいと思います。

　本テキストは，そのための第一歩を踏み出すことを応援するものであります。テキストに書かれていることを土台とし，皆さんが学びを広げ，深めていってください。

　そして，皆さんと共にある子どもたちの言葉が，遊びや生活の中で豊かに育まれることを願っています。

　本書を作成するにあたり，ご指導いただきました（『幼稚園教育要領解説』編集に携わられた）河合優子先生に心より感謝申し上げます。

　また，本書の主旨に賛同し，快く執筆してくださった分担執筆者各位に深くお礼申し上げます。最後に出版に協力されたアイ・ケイ コーポレーション社長 森田富子氏，経営推進担当 小山久枝氏，および編集担当の信太ユカリ氏に心より感謝申し上げます。

2024年3月30日

並木真理子／桐川敦子

qrcode_ 絵本ナビ TOP.jpg

> 本書には，児童文化財である絵本や紙芝居について，皆さんが興味をもったときに，すぐに調べられる絵本ナビサイトのQRコードを掲載しました。必要に応じてご活用ください。

https://www.ehonnavi.net/

目　次

実践編

11章　遊びとことば
尾根秀樹

12章　保育者のことば
桐川敦子

13章　児童文化財と保育への展開　　　桐川敦子

執筆者紹介

監修者

河合　優子（かわい　ゆうこ）
　聖徳大学大学院教職研究科・教育学部児童学科　教授
　東京都公立幼稚園教諭　東京都教育庁指導主事　東京都公立幼稚園園長
　文部科学省幼児教育調査官　を経て2020年より現職
　　　　　　主要図書：『保育原理』（共著）光生館
　　　　　　　　　　　『領域「人間関係」乳幼児期にふさわしい生活で育む』（編著）
　　　　　　　　　　　　　　　　　　　　　　　ミネルヴァ書房　他

編著者

並木　真理子（なみき　まりこ）
　日本女子体育大学　体育学部　子ども運動学科　准教授
　　　　　　主要図書：『生活事例からはじめる保育原理』（共著）青踏社
　　　　　　　　　　　『子どもの運動・遊び』健康と安全を目指して（共著）
　　　　　　　　　　　　　　　　　　　　　アイ・ケイコーポレーション

桐川　敦子（きりかわ　あつこ）
　日本女子体育大学　体育学部　子ども運動学科　教授
　　　　　　主要図書：『3歳・4歳・5歳児　離れて遊ぼう』東洋館出版
　　　　　　　　　　　『記録のとり方・生かし方』（共著）鈴木出版

分担執筆者

岡本かおり　　　洗足こども短期大学 幼児教育保育科　准教授
（おかもと）

尾根　秀樹　　　洗足こども短期大学 幼児教育保育科　専任講師
（おね　ひでき）

小林　由香　　　洗足こども短期大学 幼児教育保育科　非常勤講師
（こばやし　ゆか）

篠沢　薫　　　　洗足こども短期大学 幼児教育保育科　助教
（しのざわ　かおる）

新家　智子　　　共立女子大学 家政学部 児童学科　助教
（しんや　ともこ）

前田　敬子　　　仁愛女子短期大学 幼児教育学科　教授
（まえだ　けいこ）

村田　康常　　　名古屋柳城女子大学 子ども学部 子ども学科　教授
（むらた　やすと）

山口　理沙　　　和光大学 現代人間学部 心理教育学科　専任講師
（やまぐち　りさ）
　　　　　　　　　　　　　　　　　　　　　　　　（五十音順）

執筆協力　　　11章　SECTION 4　わらべうたを担当

小林　由美子　　鎌倉女子大学付属幼稚部ほか　わらべうた講師
（こばやし　ゆみこ）

1章　ことばの意義と機能

SECTION 1　人間にとってのことばとは

Study Points　「ことば」とは何だろう？　保育内容「言葉」を学び，保育の中でのことばついて考えるにあたって，まず，私たちにとって，「ことば」とは何なのかを考えることから出発したい。ことばの様々な意義や機能について考えることを通して，幼児のことばの発達に関わる保育者の視点を確立しよう。

1. ことばが世界を切り分ける

　子どもは小さな哲学者だといわれることがある。3歳になったばかりの子どもが，聖書物語の絵本を読んでくれた父親に，こんなことを尋ねたそうだ。「神様が『光があるように』って言ったら，光があるようになったの？」父親がそうみたいだね，と答えると，その子は「でもお父さん，光があるようになる前から，『ひかり』っていう言葉があったの？」と言ったという。

　ここには，「ことば」に関する深い問いが潜んでいる。何かが存在するから，その存在を名ざすことばがあるのだろうか。それとも，ことばが何かを名ざすから，その何かがはっきりわかるようになるのだろうか。言語学者や心理学者の中には，「ことばが世界を切り分ける」(今井むつみ『ことばと思考』2010, p.3)という考えを推し進めて，どの言語を話すかによって世界の見え方や物事の理解の仕方も変わるという大胆な仮説(言語決定論(サピア＝ウォーフの仮説))を立てて検証している人もいる(図1-1)。この仮説の可否はともかく，子どもがことばを身につけていくということは，そのことばを通して世界を切り分け，ことばに沿って事物を理解し，ことばによって抽象的な思考をするようにもなることだといえる。

> ことばが世界を切り分け，分節化しているという仮説。ドイチャー(2010・2012)はこれを「私たちの母語は，私たちが世界を知覚し，世界について考えるやり方を決定する，という主張」としている。この仮説を主張したウォーフ(1956)は，「われわれは，生まれつき身につけた言語の規定する線にそって自然を分割する」と言っている。

図1-1　言語決定論(サピア-ウォーフの仮説)

2. ことばについて考える

　子どもは，大人が当然だと思っていることを不思議に思い好奇心を抱いて，何度も試したり質問をしたり，自分で答えを考えだしたりすることがあるし，その行動や質問・答えの中には，しばしば大人を感心させ，深く考えさせるものがある。創意と工夫に満ち，想像力に富み，高い感受性と柔軟な思考力をもった子どもと関わるとき，私たちは無知で無力な子どもに，ことばや知識を教えるのが大人の役割だという発想を捨てなければならないだろう。保育内容「言葉」の領域を学ぶにあたって，私たちはまず，ことばについて自分がどのくらい理解しているのかを考えてみる必要がある。

3. ことばの多様な働き

「ことば」とは何か，どんな働きをもつか，と問われたとき，多くの人が「コミュニケーションの手段」，「他の人と意思を疎通させる働き」などと答えることだろう。他者と知識・情報や感情を共有し，新たなことを知るためにも，ことばは有効な手段である。

しかし，ことばには，コミュニケーションや意志疎通，知識や情報の共有といった働き以外にも，様々な側面がある。「ことばは人間のあらゆる側面にまで浸透する」といわれる(岡本，1985)。例えば，今，ことばとは何か，ということを考えている最中にも，私たちは声には出さないが，頭の中でことばを使って考えているだろう。ことばについてことばで考え，ことばでことばを定義するという思考の堂々巡りにはまって，「ことばって難しい」と感じる人もいるかもしれない。ことばは思考やコミュニケーションにとって重要な手段だが，決して万能の手段というわけではない。

難しいことがらを立ち止まって考えたり，自分たちの使う言語とは別の言語を話す相手と会話したりするとき，私たちはことばを発したり理解したりすることの難しさに直面する。一方で，慣れたことばで親しい人と話をする日常会話の中では，私たちは難しいはずのことばを特に意識することもなくやすやすと使っている。普段「ことばとは何か」を考えることはほとんどないが，確かに私たちは，ことばを通して世界を見，ものごとを考えている。「ことばは，世界への窓である」と(今井，2010)は言っている(図1-2)。ことばは私たちと世界とをつなぎ，世界を開き，私たち自身を世界に開くのだ。

> ことばは，世界への窓である。私たちは日々の生活の中で，特に意識することなく，ことばを通して世界を見たり，ものごとを考えたりしている。あらためて，ことばが私たちの日常にどのような役割を果たしているのか，ことばがない世界とはどのようなものなのか，などと考えることはめったにあるまい。
> (今井，2010)

図1-2　ことばは，世界への窓

ことばには，会話したり読んだり書いたりするという日常的なコミュニケーションの手段という側面と，考えたりイメージや感じたことを明確に表現したりするための手段という意識的な側面がある。わからなかったことでも，自分でことばにしてみることで理解が深まったり結論がみえてきたりすることもあるだろう。ことばには，理解を導き，ものごとを明確に把握するという知性的・合理的な働きもある。一方でことばには合理的には語れない気持ちや複雑な状況を表現する情緒的・感情的な働きもある。自分のことを他人に知ってもらうためにも，他人のことをよく知るためにも，私たちはことばを発し，相手のことばに耳を傾ける。熱いものに触れて思わず「アチチ(あつい)」と叫ぶときのように，反射的に声を発するときにも，ことばを用いることがある。「絵，描こうっと」と言って画用紙やクレパスを取りにいく子どもも，「さあ，仕事，仕

- コミュニケーションの手段
- 認知(思考，判断，理解)の手段
- 行動をコントロールする手段
- 自己表現の手段
- 抽象的・論理的な世界を思考し表現する手段
- 芸術(文学，音楽，演劇…)の世界を創造し表現する手段

(横山(1994)に加筆)

図1-3　ことばの機能・働き

事」と言って休憩を切り上げる人も，考えをことばにすることで行動を起こす弾みをつけ，あるいは自分自身の状態を変える動機にしている。

　横山（1994）はことばの機能・働きを①コミュニケーションの手段としてのことば，②認知の手段としてのことば（図1-4），③行動をコントロールする手段としてのことば（図1-5），④自己表現の手段としてのことば　の4つに分類している。また，ことばは，現実の事柄や行動を表現するだけでなく，⑤抽象的な思考や論理を表現する働きもあるし，⑥物語や小説のように，ことばによって一つの世界をつくりだし表現することもできる（図1-3）。

図1-4　思考の機能

図1-5　自己抑制の機能

4.　ことばの相反するいくつかの側面

　ことばには，相反する側面を兼ね備えるという特徴がある。例えば，ことばには，自己の内面から発せられるという個人的・内面的な側面と，他者との間で共有され，やり取りされるという共同的・間主観的な側面とがある。私たち一人ひとりが考え，判断し，理解するためにも，他者と意思疎通し気持ちを通わせ合うためにも不可欠な個人の生存や社会生活のための手段という側面と共に，必ずしも生活や生存に不可欠ではないが，高い価値をもち，私たちの生活や社会の営みを励まし支えるような文学や音楽，演劇，芸術の世界を作りだし表現する手段という側面もある。このようにみてくると，ことばの機能や役割には，一面的には捉えきれない様々な相反するいくつかの側面があることがわかる（図1-6）。

> ・合理的・理性的な側面
> ・情緒的・感情的な側面
>
> ・個人的・内面的な側面
> ・共同的・間主観的な側面
>
> ・生活手段・社会手段的な側面
> ・芸術的・文化的・宗教的な側面

図1-6　ことばの側面

　ことばは，「声」や「文字（記号）」と，「意味」とからなる体系である。その「意味」を伝え合うコミュニケーションにおいて，私たちは，深く考えなくても会話したり読み書きしたりできる一方，どのように伝えたらよいのかと悩んだり，物事の意味をつかむために言葉を使って考えたり議論したりする。

　保育内容「言葉」を学ぶにあたって，まず，ことばとは何かということを考えてみよう。ことばには，コミュニケーションの手段だけでなく，思考や理解を推し進め，感情を表現し，行動をコントロールし，物語のように一つの世界を作りだすといった様々な働きがある。私たちはそのようなことばの働きを通して考え，事物を理解し，他者と関わり合い，行動している。

SECTION 2　ことばを獲得するために必要なこと

Study Points　子どもが「ことば」を獲得するために何が必要か？　乳幼児期の子どもが周囲で話されていることばを身につけていく過程において，保育者はどのような環境を用意し，何に留意して，子どもと関わればよいのかを学ぼう。

1.　ことばの獲得に必要な環境

　　乳幼児期の子どもにとって重要なのは，生活や遊びを通してことばを身につけていく過程である。そこでは，勉強のための学習環境よりも，まずは周囲の人との豊かな交流の中でことばのやり取りが経験できる生活環境が整っていることが不可欠である。つまり，養育者・家族・保育者・友だちと共に生活し，遊ぶ中でことばを浴び，発することばを受けとめてもらう人的環境や，絵本，物語，歌，ことば遊びなどに触れる文化的環境が乳幼児期のことばの獲得にとって重要である。別の表現を使えば，この時期のことばの獲得において最大の主題は，「文字の文化」の学習のベースとなるような，「声の文化」の内在化であり，文字や書きことばの学習よりも話しことばの習得である。

　　それでは，どのようなことばの体験が子どもにとって重要なのか。保育を学ぶ中で意識させられることの一つが，保育現場の子どもたち全員にどのようなことばをかけるか，という「ことばかけ」や「声かけ」の問題である。確かに，クラスの子どもたち全員にいかにして保育者の意図を伝えることばをかけるか，ということは保育を学び実践するうえでたいへん重要な観点である。しかし乳幼児期には，ことばに興味・関心を抱き自発的にことばの活動を行うような体験が不可欠であることを考えると，子どもたちのことばの発達にとってより重要なのは，一人ひとりの子どもへの語りかけであり，また，一人ひとりの子どもが発することばを周囲の大人がいかに聞くか，ということだといえる。そして，子どものことばにしっかりと耳を傾けるためには，声にならない子どもの心の動きにいかに寄り添うかということにもつながる。

2.　子どものことばの獲得に必要な保育者の関わり

　　子どもは特定の社会の中に生まれて，周囲の人たちとの関わりを通して，その社会の文化を自分のものにしていく。ことばもそうした文化的環境の一つであり，ことばの獲得は，「人間関係をとおして，『外』なる世界を，自分の『内』なる世界 たらしめてゆく」(岡本, 1982)という活動である。それは，外からの刺激を子どもの白紙の心に焼きつけるような受動的な作用ではなく，「子ども自身が自分の能動的な活動をとおして，自分のものとしてゆく」(岡本, 1982)という積極的な創意工夫と試行錯誤なのだ。

　　したがって，子どもがことばを獲得していくうえで重要となるのは，ことばに関する様々な創意工夫や試行錯誤が許される環境であり，話そうとしたり聴きとろうとしたりしたことがうまくいかなかったとしても，その思いを受けとめながら一緒にどうしたらよいかを試みたり工夫したりするような周囲の大人との関係である。特に幼児期は身近

な環境に主体的に関わり，「環境との関わり方や意味に気づき，これらを取り込もうとして，試行錯誤したり，考えたりするようになる」時期とされている（『幼稚園教育要領』第1章 総説，第1章 幼稚園教育の基本，2. 環境を通して行う教育）。試行錯誤や創意工夫を重ねながら表現し合う楽しさを共有するということは，最も広い意味での「遊び」である。楽しさとは，笑うということだけではない。喜怒哀楽を含む私たちの心の動きのすべてを肯定的に享受することが，楽しむということであり，成功や達成を喜ぶのと同じように失敗や喪失も経験することが「遊び」の本質である。そのような「遊び」を可能にする環境が，乳幼児期の子どものことばの獲得にとって最も大事なことだといえる（図1-8）。絵本や物語，歌などのことばの文化財も，子どもにことばを教える教材というよりも，豊かなことばの世界を体験する機会と捉えて，子どもの日常生活の中で一緒に楽しむよう心がけたい。

- 子どものことばの発達についての理解をもつ。
- 子どもが様々ことを試しながら成長していく日々の営み（試行錯誤や創意工夫）を一緒に楽しむ。
- 一人ひとりの子どもに耳を傾け，よく見る。子どもの表現したい，という気持ちを大事にする。
- 子どもとの会話や大人同士の会話の中で使っている自分のことばについて意識的になる。
- 絵本や物語，歌などの豊かなことばの世界を体験する機会を子どもの日常生活の中に設ける。
- 乳幼児期に大切なのは書きことばよりも話しことばの習得。「文字の文化」よりも「声の文化」

図1-7 子どものことばの獲得のための保育者の関わり

　これらのことを考えると，保育者として子どもたちがことばを習得的に獲得するために，どのような関わりが必要とされるかが見えてくるだろう（図1-7）。

年少児（10月）

ダンボールのお家ごっこ

年中児（10月）

鬼ごっこの鬼決め相談

年中児（9月）

シャボン玉液をつくる

図1-8　楽しさを共有する

　子どもがことばを獲得していくためには，豊かなことばの体験が可能となるような環境が必要となる。特に乳幼児期には，文字教育のための学習環境を整えるよりも，まず，周囲の大人や友だちと生活や遊びを通して関わり合う中でのことばのやり取りや，絵本や物語などを通してことばの世界を体験できるよう配慮したい。

SECTION 3　子どもにとってのことば

Study Points　子どもがことばを理解し，聞いたり話したりすることができるようになるとは，どのようなことなのか？　保育内容「言葉」を学ぶための土台として，子どもと外の世界の人びとや事物との関わりの中で，ことばが生まれてくる最初のすじみちを考えてみよう。

1.　「話せないもの」から「話すもの」へ

　「子ども」を表す語の一つ "infant" は「話せないもの」という意味からきている。乳幼児期の子どものことばの獲得過程を岡本（1982）は「『話せないもの』から『話すもの』へ」と表現し，そこには「日々とてつもないドラマが進行している」と言っている。この「ドラマ」について理解を深めるために，ここでは，乳児期にことばが生まれるすじみちを概観しよう。なお，乳児期のことばの発達については3章，4章で解説する。

　乳児期の子どもは，視覚の発達に伴って，興味や注意をひくものに出会ったら，目で見るようになる。つまり「まなざし」を向ける。まなざしで対象をつかめるようになると，次に手を伸ばし，口に寄せようとする。「リーチング」とよばれるこの動作は，対象に触れようとするだけでなく，触れることができたらそれを手で掴み，つかむことができたら口に引き寄せ，なめたり噛んだりする，という一連の動作となる。もちろん，うまく触り，つかみ，引き寄せ，口に入れることができないこともあるが，これらの動作のうちに，子どもが興味を抱いた外の世界の事物に関わる典型的な姿をみることができる。対象となる事物が手を伸ばしても触れられない距離にあるような場合，その動作は「リーチング」というよりも「指さし・手さし」になり，手が届かない事物を取ってくれ，触らせてくれと訴えるように対象を指さし・手さししながら親や保育者の顔を見ることが伴うようにもなる。こうして，自分と，自分が興味・関心を抱く対象と，その興味・関心を共有して同じものに注意を向ける相手との「三項関係」が成立する。三項関係の中で相手が「ワンワンね」，「マンマよ」などと共同注意を向ける対象を声で名ざす体験を繰り返す中で，子どももその事物を声で「名ざし」するようになる。子どもが発する最初のことば（初語）は，おおむねこうしたすじみちで現れるようである（図1-9）。

> ● まなざし
> 興味・関心を抱いた事物に顔を向け，見る。自分と興味ある事物との二項関係の成立。
>
> ● リーチング
> 興味・関心を抱いた事物に手を伸ばし，触り，掴もうとする。
>
> ● 指さし・手さし
> 興味・関心を抱いたものに手を伸ばし，指や手でさす。同じ事物に対する興味・関心を周囲の人と共有しようとする共同注意が現れ，三項関係が成立する。
>
> ● 名ざし（初語）
> 興味・関心を抱いた事物を声（ことば）で指すようになる。
>
> ※ことばの獲得のすじみちは前後することも多く，各要素が明確に現れないこともよくある。

図1-9　初語までの標準的なことばのすじみち

　興味を抱いた事物との二項関係や，事物への興味を共感し共有してくれる相手との三項関係の中で，子どもが声で事物を名ざしたり，それが欲しいという要求を表現したり

することが，ことばが発せられるようになる典型的なすじみちのようである。やがてその「名ざし」は，対象となる事物の状態や動きを形容し，叙述する語などを伴うようになり，主語・述語や修飾語・被修飾語などの基本的な構造を備えた発話となっていく。

　ただし，子どものことばの獲得の仕方や時期は多様で，ことばの基本構造を獲得していくすじみちが前後したり，いくつかの要素が明確に見られないこともよくある。また，初語が明確にいつ，どのように発せられたのかが不分明であることも多い。

2. 文脈の中で変化する「生きもの」としてのことば

　やまだ（2019 a）は，「ことばは，世界を分節化する知識体系であるが，もう一方では，今ここという文脈や場所のなかで生まれて，変化していく『生きもの』である」と言い，「生きたことばが，一人の子どもをとりまく人びとや文脈のなかで，どのようにして生成されていくのか」を丁寧にたどることで，子どもにとってことばがいかなる存在なのかがみえてくるとしている。

　乳幼児期の子どもにとって，ことばは，それが発せられた文脈や周囲の人びととの関わりから切り離せない。例えば，1歳前後の子どもが「マンマ」と言っても，有意味なことばかどうかは，発声された音だけを取り出したのではわからない。だが，その発声が母親を見たときにいつも繰り返しなされるなら，母親を指す「ことば」だろうと理解できる。乳幼児期には，一つの語が文脈や場面によって様々な意味をもつことが多く，その

やまだようこは，息子「ゆう」が0歳10か月の時の様子を記録した日誌に次のように書いている。

　「マンマ」の発声が特徴的に用いられる。大きく分けると次の3種類の場合に言うことが，かなり一貫してきた。

　第一に「食べ物」に関して。特に「食べ物を欲しい」という意味の「マンマ」である。たとえば台所へ行くと必ず「マンママンマ」と言いだす。……また，食べ物や哺乳びんを見たときにも必ずのように「マンママンマ」と言う。

　第二に「母親に来て欲しい，抱いて欲しい」という意味で使う。母の顔を見ると「マンママンマ」と言う。……

　第三に何か興味をひく具体的な対象を見たときにも「マンマ」と言う。たとえば公園でゆうをシロツメグサの花の中に座らせると，「マンマ」と言っては花を取り，両手でちぎっては放る遊びを繰り返す。

（やまだようこ『ことばのはじまり』p.25-26（2019））

図1-10　乳児期の子どもの「マンマ」の発声

一語にこめられた多義的な含意は時期によっても変化する。例えば，この子どもが発した「マンマ」は，授乳してくれる母親のおっぱいを求めることばとも，母親自身を指すことばとも理解できるし，興味をひく事物を見たときに発することばとも理解できる（図1-10）。そのことばが何を意味するのかは，子どもと生活文脈を共有することで，はじめてわかるようになることが多い。

　生まれたときには，まったく話せなかった子どもも，乳幼児期を通して生活に必要なことばの基礎を獲得していく。周囲の人びとや事物との関わりを通して，子どもにことばが生まれ，豊かになっていく。子どもの中にことばが生まれ，育っていく課程に丁寧に寄り添うことを意識しながら，領域「言葉」の学びを進めていこう。

2章　領域「言葉」とは

SECTION 1 『幼稚園教育要領』『保育所保育指針』『幼保連携型認定こども園教育保育要領』における領域「言葉」

Study Points　『幼稚園教育要領』，『保育所保育指針』，『幼保連携型認定こども園教育保育要領』は，保育・幼児教育の基本となる考えを示し，保育の計画・実践・振り返りなどと，それに関連する運営のためのガイドラインとなるものである。ここに示された領域「言葉」の概要を理解し，他の領域とのつながりを踏まえることで，保育の質を保障し，その向上を図ることができることを学ぼう。

1. 保育の基本は，幼児の自発的な活動としての遊びと遊びを生み出す環境

　『幼稚園教育要領』は 1956（昭和31）年に，『保育所保育指針』は 1965（昭和40）年に示され，それ以来，子どもの育ちや子育てに関わる社会状況の変化などに合わせて見直され，保育の「ねらい」と「内容」を中心に整合性が図られ共通化される部分が出てくる中で，2014（平成26）年に『幼保連携型認定こども園教育・保育要領』が示され，2017（平成29）年には，『幼稚園教育要領』，『保育所保育指針』，『幼保連携型認定こども園教育・保育要領』がはじめて同時に改訂（改定）され，2018（平成30）年から施行された。

　この改訂（改定）によって，保育所・幼稚園・幼保連携型認定こども園は，それぞれの特質を保持しつつも「幼児教育を行う施設」として統一的に捉え直された。改訂（改定）の最大の主旨は，これらの「幼児教育を行う施設」が「共有すべき事項」として，「育みたい資質・能力」（図2-1）と「幼児期の終わりまでに育ってほしい姿」（図2-2）を示し，生きる力の基礎となる非認知能力を乳幼児期から育てるという，子ども主体の保育・幼児教育を打ち出したことである。その保育・幼児教育には2つの焦点がある。一つは，保育・幼児教育が「環境を通して行うものである」ということであり，もう一つは，「幼児の自発的な活動としての遊びを通しての総合的な指導」が中心となるということである（『幼稚園教育要領』前文，第1章 総則　第1幼稚園教育の基本）。子どもが自ら環境に関わり，自発的に活動し，様々な経験をするためには，「幼児の自発的な活動としての遊びを生み出すために必要な環境」（『幼稚園教育要領』前文）が必要である。

2. 「育みたい資質・能力」に示された3つの柱

　「幼児教育を行う施設として共有すべき事項」の第一に挙げられる「育みたい資質・能力」とは，保育・幼児教育から小学校以降の教育や生涯にわたる学習につながっていく

---

　① 豊かな体験を通じて，感じたり，気付いたり，分かったり，できるようになったりする「知識及び技能の基礎」
　② 気付いたことや，できるようになったことなどを使い，考えたり，試したり，工夫したり，表現したりする「思考力，判断力，表現力等の基礎」
　③ 心情，意欲，態度が育つ中で，よりよい生活を営もうとする「学びに向かう力，人間性等」

図2-1　育みたい資質・能力（『幼稚園教育要領』『保育所保育指針』『幼保連携型認定こども園教育・保育要領』）

生きる力の中核であり，①〜③までの3つの柱である（図2-1）。

　保育・幼児教育では，環境を通して，また，自ら進んでやってみたいと取り組む遊びを通して，これら3つの柱が示す力を一体的に育むことが求められている。

3.「幼児期の終わりまでに育ってほしい姿」に示された10の姿

　「育みたい資質・能力」の記述を受けて，「幼児期の終わりまでに育ってほしい姿」が10項目挙げられ，各項目に詳しい説明がつけられている（図2-2）。これらの「10の姿」は，到達目標ではなく，保育・幼児教育から学校教育へとつながる子どもの育ちの中で，小学校就学までに育ってほしい具体的な姿を整理したものである。

```
①　健康な心と体　　②　自立心　　③　協同性　　④　道徳性・規範意識の芽生え
⑤　社会生活との関わり　　⑥　思考力の芽生え　　⑦　自然との関わり・生命尊重
⑧　数量や図形，標識や文字などへの関心・感覚　　⑨　言葉による伝え合い
⑩　豊かな感性と表現
                    （『幼稚園教育要領』，『保育所保育指針』，『幼保連携型認定こども園教育・保育要領』に共通する記載）
```

図2-2　幼児期の終わりまでに育ってほしい姿（見出しとなる文言のみ）

　保育内容の領域「言葉」は，これらの10の姿のすべてに関わる。例えば，「③協同性」では，互いの思いや考えなどを共有するためのことば，「④道徳性・規範意識の芽生え」では，友だちの気持への共感を伝えたり，互いの考えを明確にしたりするためのことば，「⑤社会生活との関わり」では，情報を伝え，共有し，活用するためのことば，「⑥思考力の芽生え」では，考えを掘り下げ，試したり工夫したりしながら考えを明確にするためのことばが育つことが望まれ，「⑧数量や図形，標識や文字などへの関心・感覚」では，遊びや生活の中で文字などに関心を抱き，書きことばの感覚を開くことが望まれている。以下では，特に領域「言葉」に直接的な関わりをもつ「⑨言葉による伝え合い」（図2-3）についてみていくことにしよう。

〈10の姿　⑨言葉による伝え合い〉

　この項目では，直接的に領域「言葉」に関わる記述が多くみられる。ことばによる伝え合いや物語を楽しいと感じて自ら伝えたり聞こうとしたりし，また絵本や物語に親しもうとする前向きな姿も，幼児期の終わりまでに育っていることが望まれる姿である。乳幼児期のことばは勉強して身につけるというより，周囲の人との心の通い合いをベースにして，生活や遊びの中で伝え合いを楽しみ，絵本や物語などのことばの世界に分け入ることを楽しむ中で豊かに広がり育っていくということが示されている。

```
　先生（保育士等，保育教諭等）や友達と心を通わせる中で，絵本や物語などに親しみながら，豊
かな言葉や表現を身に付け，経験したことや考えたことなどを言葉で伝えたり，相手の話を注意
して聞いたりし，言葉による伝え合いを楽しむようになる。
＊『幼稚園教育要領』で「先生」と記載されている箇所は，『保育所保育指針』では「保育士等」，『幼保連携型認定こども
　園教育・保育要領』では「保育教諭等」と記載されている。
```

図2-3　幼児期の終わりまでに育ってほしい姿（10の姿）　⑨ 言葉による伝え合い

4. 領域「言葉」の目指すもの

　5領域は，1歳以上3歳未満児と，3歳以上児の保育の2つの時期に分けて記述されている。『保育所保育指針』，『幼保連携型認定こども園教育・保育要領』では1歳以上3歳未満児の保育の5領域に関する記述が同一となっており，3歳以上児の5領域ではこれらに加えて『幼稚園教育要領』の記述も同一となっている。また，2017（平成29）年の改定（改訂）では，乳児の保育と1歳以上3歳未満の幼児の保育に関する記述も充実し，『保育所保育指針』と『幼保連携型認定こども園教育・保育要領』では，1歳以上3歳未満の幼児の保育の5領域の記述が同一になった。

　1歳以上3歳未満児の保育においても3歳以上児の保育においても，領域「言葉」の「ねらい」と「内容」の文章は，特に明記されていないが，主語がすべて「幼児が」あるいは「子どもが」である（参照：第6章，第8章）。また，「ねらい」の文章の文末の述語・述部に注目すると，「言葉で表現する楽しさを味わう（感じる）」，「伝え合う喜びを味わう」，「絵本や物語などに親しむ」「心を（気持ちを）通わせる」となっており，子どもがことばで表現する楽しさやことばで伝え合う喜びを感じ，心を通わせ合うことに重点を置いていることがわかる。ここでは，楽しさや喜びは，笑うということだけでなく，喜怒哀楽をすべて含む，内側から湧いてくる生き生きとした心の動きであることに注意したい。思い通りにいかないことも含めて，子ども自身が試行錯誤を繰り返しながら，自分なりに工夫して表現しよう，ことばを受けとめようとする意欲をもつことが大事である。また，絵本や物語（おはなし），紙芝居やことば遊び，歌などに親しむ環境と機会を積極的につくり，想像する楽しさを味わいながらことばに対する感覚を豊かにしていく経験ができるようにすることも大事である。

　領域「言葉」では，1歳以上3歳未満児の保育でも3歳以上児の保育でも共通して，「経験したことや考えたことなどを自分なりの言葉で表現し，相手の話す言葉を聞こうとする意欲や態度を育て，言葉に対する感覚や言葉で表現する力を養う」と記載されている。ここでは，「自分なりの言葉で表現する」という語に注目したい。保育者は，子どもが試行錯誤し創意工夫しながら「自分なりの言葉」で表現しようとする気持ちを尊重し，ことばを介した関わりを楽しいと感じて，話したり聞いたりすることへの意欲がもてるように，応答的に関わることを基本にしたい。子ども自身が，表現したいと思う事柄をそのとき使える語彙やことばの知識や感覚を総動員して，試行錯誤の中で工夫しながら表現することが，ことばの感覚を磨き，大人たちが話すことばをその子ども自身のことばとしていくことになるのである。子どもの表現は間違っていたり不完全だったりすることもあるが，それを否定するのではなく，その子どもの「自分なり」に表現しようとする創意工夫を一緒に楽しみ，試行錯誤を許容する大人の関わりが継続することが，ことばの獲得を促すといえる。

　なお，1歳以上3歳未満児の保育における領域「言葉」の援助については第6章で，3歳以上児の保育における領域「言葉」の援助については第8章で詳しく学ぶ。

5. 5領域と3つの視点

　『幼稚園教育要領』，『保育所保育指針』，『幼保連携型認定こども園教育保育要領』の乳児保育では，保育の「ねらい」や「内容」などを5領域に分化して考えることはせず，身体的発達に関する視点「健やかに伸び伸びと育つ」，社会的発達に関する視点「身近な人と気持ちが通じ合う」および精神的発達に関する視点「身近なものと関わり感性が育つ」の3つの視点に立って捉えている。

　これらの3つの視点は，1歳児以上の保育において5領域が成り立っていく発達的根拠でもある。5領域のそれぞれが，乳児保育における3つの視点から子どもの成長とともに展開していくのだが，例えば，領域「健康」は特に「健やかに伸び伸びと育つ」を発達的根拠の中心として成立しつつも，他の視点の十分な成立も踏まえており，他の領域も「健やかに伸び伸びと育つ」を踏まえて成立していくなど，5領域のそれぞれは相互に関わりながら3つの視点を踏まえて展開していくのである（図2-4）。

　特に，領域「言葉」に密接につながる「身近な人と気持ちが通じ合う」という視点には，保育者の温かく受容的・応答的な関わりのもとで，伝えようとする意欲や身近な大人との信頼関係が育まれ，人と関わる力の基礎が培われることが示されている。ことばを身につけるための準備段階として，保育者や身近な大人と気持ちが通じ，自分は大事にされていると感じることで，基本的信頼感や自己肯定感が育つことが重要である。

　なお，乳児保育における言葉の援助については，第4章で詳しく学ぶ。

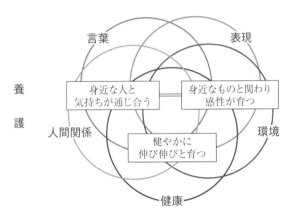

図2-4　0歳児の保育内容記載のイメージ　　（厚生労働省）

　『幼稚園教育要領』，『保育所保育指針』，『幼保連携型認定こども園教育保育要領』では，乳児の保育における3つの視点を出発点として，1歳以上児の保育の「ねらい」と「内容」が5領域において示されている（『幼稚園教育要領』で3歳以上児）。領域「言葉」では，子どもが，創意工夫や試行錯誤を繰り返しながらことばによる表現ややりとりを楽しんだり，絵本や物語に親しんだりすることを通して，ことばの感覚を豊かにすることが謳われている。

SECTION 2　領域「言葉」と他領域とのつながり

Study Points　　5領域は独立した分野ではなく，保育・幼児教育全体を捉える大きな観点を示したものであり，それぞれの領域は，乳児保育における3つの視点から始まって，他の領域と密接に関連し合い，また重なり合う部分をもちながら展開していく。領域「言葉」も，他の領域とのつながりの中で捉えていくことが大事であることを理解しよう。

1.　領域「健康」とのつながり

　心とからだの健康は，子どもの育ちを支える基本である。子どもの健やかな育ちは，保育者や友だちとの温かい触れ合いを通して自己の存在を肯定し，充実感を味わうことを基盤として，安心できる環境の中で様々なことを試し，工夫する中で保たれる。保育者が子どもに話しかけることばの基本も，子どもの心とからだの健やかな育ちを支えるという点にある。命令や禁止のことばが必要な場合もあるが，子どもの興味や関心に寄り添い，意欲を引き出しながら，子どもの表現を受容し，応答し，時に代弁したり支持したりするような，対話的な関わりが基本となる。また，子どもが成長する中で，例えば，危険な場所や危険な遊び方，災害時の行動の仕方などについて，保育者のことばを聞いて意識し理解できるようになることも，ことばの育ちと領域「健康」のつながりの一端である。

2.　領域「人間関係」とのつながり

　ことばは，人と人との関わりの中での表現活動であり，この点で領域「言葉」は領域「人間関係」と密接につながっている。例えば，領域「人間関係」の「ねらい」の②には，「身近な人と親しみ，関わりを深め，工夫したり，協力したりして一緒に活動する楽しさを味わい，愛情や信頼感をもつ」とある。「内容」の⑥は「自分の思ったことを相手に伝え，相手の思っていることに気付く」ということであり，相互の気持の通い合いはことばを介して深まる。また，⑧「友達と楽しく活動する中で，共通の目的を見いだし，工夫したり，協力したりなどする」という共同作業もことばでの伝え合いによって，より精緻になる。家族や保育者，友達など身近な人との関わる中でことばが育ち，また，ことばの育ちによって周囲の人との関わりが広まり，深まるのである。

3.　領域「環境」とのつながり

　ことばの獲得は，周囲の言語環境によってはじめて可能となるということを考えれば，領域「言葉」と「環境」は不可分に結びついていることが理解できるだろう。身近な環境との関わりを通して，気づき，考え，生活に取り入れようとする思考や実践の力が育ち，ことばも豊かになっていく。身近な環境の中で様々な事象に親しむことは，自然や生命の営み，社会の文化や伝統などのより広い環境に親しむことにつながるが，その際も，ことばが育ち，またことばによって環境との関わりが深まるという相互作用が生まれる。

「文字」に関する記載が，領域「環境」の中にあることにも注目したい。「ねらい」の③では「身近な事象を見たり，考えたり，扱ったりする中で，物の性質や数量，文字などに対する感覚を豊かにする」とあり，「内容」の⑩では「日常生活の中で簡単な標識や文字などに関心をもつ」とある。文字への関心や感覚は環境との関わりの中で育っていく。

4. 領域「表現」とのつながり

　ことばを発するということは，領域「言葉」に記載されているように「経験したことや考えたことなどを自分なりの言葉で表現する」という言語表現であることを考えれば，領域「言葉」と「表現」との密接な関わりが理解できるだろう。保育・幼児教育の領域「表現」では「感じたことや考えたことを自分なりに表現することを通して，豊かな感性や表現する力を養い，創造性を豊かにする」とされ，その「ねらい」の②においても，「感じたことや考えたことを自分なりに表現して楽しむ」とある。この「自分なりの表現」には，身体表現，音楽表現，造形表現と共に言語表現も含まれる。これらの記述を領域「言葉」の「ねらい」の①「自分の気持ちを言葉で表現する楽しさを味わう」という記述や，「内容」の⑧「自分のイメージを動きや言葉などで表現したり，演じて遊んだりするなどの楽しさを味わう」という記述と照らし合わせれば，ことばによる表現が他の表現活動と並ぶ子どもの自己表現であることがわかるだろう。

5. 総合的な指導

　子どもの育ちと保育・幼児教育を考える場合，5つの領域のそれぞれに観点をしぼって考え，計画を立案し，保育内容を振り返ることが基本となる。しかし，子どもの生活と成長は，これらの5つの領域のそれぞれに分かれたかたちで展開されるわけではない。5つの領域に示されたことがらが相互に作用し合う中で子どもの成長・発達を捉える総合的な視点が，保育者に求められる。

　言い換えると，子どもが環境と関わりながら展開する具体的な活動を通して，5つの領域に示された保育・幼児教育の内容を総合的に展開することが必要とされているのである。

　領域「言葉」は，他の領域とのつながりの中で捉えられる。ことばが育つことで，周囲の人や事物との関わりも深まるし（領域「人間関係」や「環境」），ことばによる表現の広がりが他の表現活動をより活発にし（領域「表現」），健やかな育ちを可能にする（領域「健康」）。

3章　乳児期のことばの発達

SECTION 1　胎児〜0歳児のことばの発達過程

Study Points　乳児は胎児のときから，ことばにつながる準備を始めている。胎児〜0歳児のことばの発達過程について知るために，脳の機能として必要な聴覚の機能，発語能力の機能を理解しよう。

1. ことばの発達のための土台をつくる乳児期

　乳児について，母子保健法（第6条）では誕生日を0日として28日未満（生後4週間）までを新生児，1歳に満たないものを乳児とする。ここでは，1歳未満の乳児を「乳児」と表記する。

（1）ことばの発達

　ことばが発達するために土台となる要素は二つある（図3-1）。一つは，生まれたときからの脳の機能であり，脳の機能には三つの要素がある。一つ目は，耳が聞こえるかどうかという聴覚の機能，二つ目は，ことばを話すうえで呼吸が調節でき舌が回って発音ができるかという発語能力，三つ目は，言っていることを認知して理解する知能が備わっているかということである。

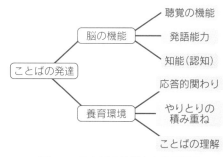

図3-1　ことばの発達を支える要素

これらはどの機能が欠けてもことばの発達に大きな影響を与える。

　もう一つ大切なのが，養育環境，つまり，ことばが育つような養育環境で育てられているかどうかということである。人間のことばの発達というのは，脳にすべてプログラムされていて，そのプログラムが，発達と共に一定の月齢や時期になると，一つひとつ引き出されていく。生まれたときは，みんなバイリンガルなのである。

（2）ことばと環境

　ところが，母語に特化してことばを聞く・話す環境にいると，母語以外の言語プログラムは「これはいらない」と薄れていってしまう。日本語を母語としている環境では，9か月ぐらいになると，[r]と[L]の音は聞き分けられなくなるといわれている。これは，乳児が生きていくために必要な音だけを聞き分ける練習をしているためである。

　乳児期は，養育者や身近な大人が，乳児の表情やからだの動き・発声に対して応答的な関わりを行い，ことばを介したやりとりを積み重ねることによって，ことばを理解していく。乳児の表情やからだの動き，発声に応えていくことが次のやり取りを生み出し，次つぎとことばを覚えるきっかけができるのである。育児放棄や虐待を受けた子どもは，健常な家庭環境の子どもに比べて脳が委縮，つまり小さくなっているという研究結果も

報告されている（有田, 2011）。特に脳は生後1～2年でその80％が完成されるといわれていることから，乳児がことばそのものを話さなくても身近な大人からの関わりはとても大切である。

2. 胎児から乳児期の聴覚機能の発達

（1）聴覚機能の発達

　聴覚の発達は視覚よりもかなり速いスピードで進む。母胎内にいる胎児期には，外界の光が入ってこないため胎児の目は見えない状態であるが，聴覚を司る耳に関しては妊娠20週頃から発達を始めるので，25週目頃には，母胎内の羊水の動く音や母胎の外の話し声・物音などは，うっすらと曖昧な音で聴いていると考えられている。

　胎児期からの聴覚の発達を表3-1に示した。聴覚に関わる発達だけでなく声を出す発声機能や，養育者や話しかける相手などの環境が影響していること，そして，乳児からのアプローチがあることもわかる。特に7か月頃の「相手の口元をじっと見る」という行為は「共鳴動作」といって，相手の口元の動きを，まるで自分がしているかのように自分の動きに変換して，ことばの発声のしかたを学んでいる仕組みだといわれている。したがって，乳児に話しかけるときには，口元の動きがわかるようにすることが大切である。

表3-1　胎児期から乳児期の聴覚機能の発達

時　期	特　徴
胎児期	妊娠20週目で耳の発達が始まる。妊娠25週目以降，聴機能が発達し始めるが，伝達速度は遅い。
3か月頃	聴覚中枢に音刺激が到達し，きちんと処理されるようになる。聞こえた声を確かめるようなことをしたり，母親の声に合わせて自分の声を出して反応したりする。音の方向に振り向く音源探索行動も始まる。
5か月頃	聞き慣れた声を認知することができるようになる。
6か月頃	声をかけると意図的に振り向くようになる。
7か月頃	話しかける相手の口元をじっと見ることが増える。
8か月頃	様々な社会音に敏感に反応するようになる。
9～10か月頃	聞いたことばの模倣が始まる。
11か月頃	音楽に合わせて手をふる。
12か月頃	視界にない音源の方向がわかるようになる。

（2）乳児にとって「聞く」ということ

　乳児は生まれることにより，外界の音のなかで生きていくことになる。まずは，人の話し声とその他の音を聞き分けなければならない。そして，ことばというものを知らない乳児は，身近な人の話し声にどのような単語が含まれているのかも知らないのである。私たちも母語ではない言語圏に突然放り込まれても，周りの人が何を言っているのかを聞きとったり，その言葉の意味は何かを理解したりできない。乳児はまさにその状態なのである。乳児は，音のつながりを手がかりにして，単語を自分で見つけていくという（針生, 2019）。例えば，「ご・は・ん」は，いつも「ご→は→ん」という音のつながりで話さ

れているというように，いつも同じ音の形でつくられていることを手がかりに単語を聞きとっているのである。針生 (2019) は，生後8か月の乳児は，この手がかりをもとに人の話し声から単語を見つけ出すことができるようになるとしている。しかし，話す人の性別や話す調子が変わると，音と音のつながりの区別や揺らぎがあいまいになり，同じ音のつながり（単語）だとわからなくなったりするという。これが生後12か月ぐらいになると，話し手が変わったり，話す調子が変わったりしても，同じ単語は同じ単語として聞くことができるようになるのである。

3. 乳児期の発語能力

（1） 前言語的発声

　ことばを声にして表出するためには，音声を発する器官である咽頭部と舌の大きさ・動きのバランスが必要になる。しかし，乳児期は舌の大きさに対して咽頭部の空間が狭く，口内で自由に舌を動かせないため複雑な音を出すことが難しい。そのため，からだの成長に伴い発声をする器官が整うことに合わせて，少しずつ声をことばに変えていく練習をすることになる。まだ，ことばにならない乳児期の発声を前言語的発声という。

表3-2　乳児期の発語能力

	時　期	発達用語	特　徴
前言語的発声	0〜1か月		●母親の姿・声や外界の変化に対する反射的な発声，泣き，叫び，笑いなどしかみられない時期　＊生理的微笑
	2〜3か月	クーイング	●機嫌が良いときにのどの奥をクーと鳴らすような独特な発声が出始める。 ●母親や父親の呼びかけに対して笑顔を見せる頻度も増える。（社会的微笑）
	2か月〜	過渡期の喃語	●音節が複数有るが，各音節に子音の要素は認められない。 　例：「アー・アー・アー」という発声
	4〜6か月	声遊び期	●咽頭部が発達して空間が広がり，喉で音を共鳴させて出すことができるようになる。その結果，舌の稼動範囲が広がり，より言語の音に近い発生をすることができるようになる。 　例：「ぐるるる」など，キンキン声，唇を震わせる音
	6か月頃	喃語期	●舌・唇・あごの筋肉を連動，協調させることにより高度な言語に近い音を出しやすくなる。 ●音節が複数あり，各音節が子音＋母音の構造をもつ。 　例：「マ・マ・マ・・」「パ・パ・パ・・」「ダ・ダ・ダ・・」という発声
	1歳頃	初　語	●初めて発することば（有意味語） ●異なる2つ以上の子音＋母音の音節をもつ。 　例：「ママ」「バブ」「マンマ」「バアバ」「ブウブ」

（2） 乳児にとって「話す」ということ

　乳児は，自分の生理的欲求や要求をからだの動きや発声，表情で伝えようとしている。乳児は，ことばをもっていないが，「笑う」，「泣く」，「唸る」など，乳児にできる表現方法で身近な大人に伝えている（話している）のである。

学生から保育所実習の経験談として，乳児クラスに入った際に，「乳児が何を訴えたくて泣いているのかがわからなかった」といった声をよく聞く。

　では，乳児の「泣く」には，どのような意味があるのだろうか。

・眠いのに眠れない	・お腹が空いた	・おむつが濡れた
・暑い，寒い	・痛い，かゆい，苦しい	・足りない，もっとやりたい
・甘えたい	・だっこしてほしい	・遊んでほしい
・不機嫌	・寂しい，不安	・怖い　・驚き　　など

　このように，様々な欲求や要求によって，乳児は泣くのである。そして，どのような欲求や要求のときに，どのような泣き方をするのかというのも，その子なりの特徴が出てくるようになる。身近な大人が，乳児が何を欲しているのかを察して，乳児の欲求・要求を読みとり呼応していくことによって，乳児のからだの動きや発声，表情による表現（話す）が伝わるようになっていくのである。

（3）　初　語

　2～3か月頃になるとクーイングや過渡期の喃語が表出し始め，乳児と養育者との間で社会的微笑やこうした発声による情緒的な相互作用が多くみられるようになる。

　乳児が周りにある対象そのものに関心を向ける時期になると「アーアーアー」などの喃語が出現し，リズミカルな発声を繰り返すようになる。乳児は，自分が発声しやすい子音＋母音の組合せの音を見つけると，「マ・マ・マ…」，「パ・パ・パ…」，「ダ・ダ・ダ…」といった多音節から構成される喃語の発声をし始める。「初めてパパって呼んでくれた」と父親は喜ぶが，この頃の乳児は，まだ「お父さん」という意味で「パパ」といっているわけではない。喃語は，意味をもたないことばだが，人が話す言語・ことばのほとんどが複数の子音＋母音の音節の組合せの単語で成り立っているため，子音＋母音のリズミカルな喃語を発声することは，言語習得に重要な発達過程であるとされている。そして，1歳頃になると，ことばの認知が進み，身近な大人とのやりとりの中で意味のあることばを話すようになる。これを初語（有意味語）という。こうして呼ばれた「パパ」は，本当のパパというわけである。

> 　乳児のことばの発達の土台は，乳児期の聴覚の発達から始まり，生まれてから五感で外界を探索することで培われる。2か月頃から始まるクーイングや喃語によって発声機能が発達し，4か月頃になると喃語で子音＋母音の発声を獲得する。1歳頃に意味のあることば＝初語を話すようになる。

SECTION 2　乳児期の認知機能の発達とことばの獲得

Study Points 🐸　乳児は五感を働かせて，人や事象に対して運動機能を使って関わっていく。ことばの獲得に関わる乳児期の認知機能の発達過程を理解し，ことばの獲得につながる関わり方を学ぼう。

1.　探索行動と認知機能

　認知というのは，知ることを意味する。ものを見たり感じたりする知覚，物事を考えたりする思考によって「そのものとは何か」を知っていくことである。

　乳児期は，外界の世界との関わりを通して認知発達が促される。乳児は，感覚機能である五感を働かせて外界のもの（人や事象など）に対して，身体の部位を動かす運動機能を使って関わっていく。これを探索行動という。すると，働きかけたものから何かしらの変化が乳児に返ってくる。その変化について，再び五感を通して感知し，自分で何か変化をもたらすことができたという経験が認知の発達を促しているのである。

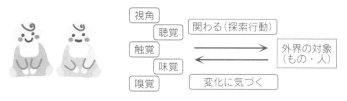

図3-2　探索行動と認知機能の発達

　例えば，テレビのリモコンが置いてあると，乳児は「これは何だろう」と一生懸命リモコンを触る。スイッチのボタンに触れる，つまり触覚でボタンの感覚をつかんだことによって，今まで黒い画面だったものに絵が映ることを知り，自分の行動に喜びを感じる。テレビがついたことを視覚，あるいは聴覚で捉えて「ここを押すとこうなる」ということが認識できると，「テレビはスイッチを押すとつく」，これを認知したことになるわけである。生後9か月ぐらいになると，遊びの中でも，ここを押すとメロディーが流れる，紐をひっ張ると，うさぎさんが出てくるなどの原因と結果がわかって遊べるようになる。こうした認知機能の発達は，行動とことばとが結びつく基盤になっていくのである。

2.　三項関係と共同注意

（1）　二項関係から三項関係へ

　ことばと行動を結びつける認知機能について，三項関係を理解しておこう。ここでいう三項とは，乳児，養育者，対象の3つのことである（図3-3）。2か月頃になると乳児と養育者の二項（二者）関係が成立し始める。乳児と養育者は，互いに見つめ合い，養育者が話しかけると乳児が微笑み応答するようになる。それに養育者が応答すると，さらに乳児は喜びを表現するようになる。

　二項関係が成立すると，乳児は目の前にあるおもちゃなどの対象（物）にも興味を示すようになる。しかし，この頃はまだ，養育者が話しかけたり微笑みかけたりすると，

おもちゃなどの対象への操作をやめて養育者との見つめ合いや触れ合いに戻るなど，養育者と対象を同時に捉えることはできない。

　6か月の終わり頃には，養育者との愛着関係が形成され，養育者を安全基地として周囲の環境に探索行動をするようになる。そして，9か月頃になると，養育者が視線を移す視線の先を追って乳児も視線を移すといった共同注意ができるようになり，二項関係をベースにして第三の対象に関わることができるようになる三項関係が成立する。

（2）　共同注意

　三項関係が成立するようになると，同じものを一緒に見ながら，他の動作ができるようになる。

　例えば，おもちゃの方へ手を出しながら，視線や動作，声を使って養育者に「ちょうだい」という意思表示を同時に行う共同注意ができるようになるのである。この共同注意ができるようになると，自分が一緒に見てほしいものを示す指差しも始まる。乳児の指差し行動は，自分の興味あるものやことを相手に伝えたいという会話の始まりである。乳児の指差しに身近な大人が応えることで，乳児は自分の欲求を人に伝える術を知るわけである。このように共同注意は，まだことばを話せない乳児が，身近な大人とコミュニケーションをとるために必要な能力である。個人差はあるが，健常な乳児の多くが獲得する能力であることから，乳児の認知発達の指標とされている。

図3-3　二項関係から三項関係へ

（3）　指さし行動

　指さし行動は，10か月頃からみられるようになる。まずは，自分の興味・関心のあるものを指さす「自発の指さし」が始まる。1歳頃には，取ってほしいものを他者に知らせる「要求の指さし」や一緒に見てほしいものを指す「叙述（共感）の指さし」がみられる。また，1歳半を過ぎる頃になると，養育者から尋ねられたものを指さしで答える「応答の指さし」が出現する。子どもの指さしは，対象物に対して感じる興奮や不安を示しているとされる（岸本，2011）。その興奮や不安は，身近な大人から その対象物に関する言語的な応答を耳にすることで鎮静化される。さらに，身近な大人が子どもの指さしに応えることで，子どもはその対象物に関することばを聴く機会が多くなり，ことばの獲得を助ける。子どもは，指をさした対象物とことばを結びつけ，認知していくのである。

3. 「三項関係」からことばの獲得へ

　ことばの獲得に，なぜ三項関係をベースにした共同注意が必要なのか。

　例えば，養育者と見つめ合いはできているけれど，バナナに意識が向いていない状態では，バナナということばを獲得することはできない。それが共同注意ができることによって「母親の視線を目で追って，母親が見ているバナナを見ること」，または，「母親がバナナを見ていて，自分も母親と同じバナナを見ていることに気づいている状態」になる。

　つまり，子どもは視覚でとらえたバナナの色や形と，養育者が一緒に見ているバナナを「これはバナナよ」と言っていることを同時に認識して，「この黄色い曲がった形のものはバナナという名前（ことば）なんだ」と認知し覚えるわけである。こうした大人からのアプローチはもちろん，乳児自身が興味を示して指さししたものを身近な大人がことばにして返すことも，ことばの獲得につながっていく。身近な大人はそういった機会を捉えて，乳児と同じものを見ながら感じながら言語化することが大切なのである。

図3-4　三項関係によることばの獲得

4. 乳児にとっての絵本の認知

　乳児にとって最初，絵本は絵本ではなくおもちゃ（もの）である。振ったり投げたり，かじったりを繰り返す。そうしたおもちゃ的な扱いをしているうちに，「あれ？ なんかパタパタする」と気づき，ぱらぱらとめくるようになる。めくるようになると「あれ？ さっきと違う絵？色？形？」と気づいて，1ページずつめくってとめるようになる。めくり，とまり，見る，を繰り返すようになって初めて，めくるという行為を伴った絵本になる。これを，「事物操作の質的な変化」という。

　乳児は，4か月頃から，絵本を身近な大人と一緒に楽しめるようになり，6か月頃には，じっと絵本を見たり，声を出したり，笑ったりするようになる。また，9～10か月頃には，読み手の指さしたものを一緒に見るようになり，読み手が持っている絵本を自分でめくって楽しめるようになる。また，同じ絵本を繰り返し見ることで，お気に入りの場面ができ，そのページで笑ったり，うなずいたりする姿や気に入った絵を指さす姿もみられるようになる。

　さらに，絵本が終わると，もう一度最初からめくり直し，何度も楽しむ様子もみられる。1歳過ぎ頃には気に入った絵本を読んでと持ってきたりする。

このように，乳児は，ことばそのものはわからなくても，読み手の声を聴覚で，絵本の絵を視覚で，めくる動作を触覚で楽しみながら絵本の場面を認知していくのである。特にオノマトペや繰り返しが含まれる絵本は，ことばのリズム感を楽しむことができるので，乳児が親しみやすい。こうした乳児にとっての絵本の認知過程を大事にし，乳児の興味や関心の段階に合わせて絵本の絵，めくり，ことばを楽しめるように関わることが大切である。

図3-6 最初はおもちゃ

図3-7 自分の手に持って遊ぶ

図3-8 めくることに気づく

9か月頃になると，認知機能の発達によって乳児と養育者，対象（もの）を結ぶ三項関係が成立し，乳児は，養育者と同時に同じものを見ることができるようになる。この三項関係ができるようになると，聞いていることばと見ているものを結びつけてことばを覚えるようになる。

Column　ブックスタート

『保育所保育指針解説』には，0歳児の生活体験に合わせて絵本を読むことが推奨されている。乳児期の読み聞かせは，ことばの獲得につながる種まきとなる。こうした乳児の絵本体験のきっかけとしてブックスタートがある。

ブックスタートは，1992年，イギリスの絵本コンサルタントであるウェンディ・クーリング氏が，絵本を楽しんだ経験が一度もないという男の子に楽しい絵本体験をと考えたことが，活動を発案したきっかけであった。

ブックスタートの理念は，絵本を「読む (read books)」のではなく，子どもと絵本を開く楽しいひとときを「分かち合う (share books)」ことにある。日本では，2000年の「こども読書年」を機に紹介され，2001年から各自治体を通して行われている。0歳児健診などの機会に，絵本をひらく楽しい「体験」と「絵本」をプレゼントする活動である。日本には，0〜2歳の子どもを対象とする「赤ちゃん絵本（ファーストブック）」というジャンルがあり，世界でもその質の高さが注目されている。

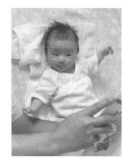

4章　乳児保育における言葉の援助

SECTION 1　『保育所保育指針』における乳児保育の基本事項

Study Points　生活を通して言葉を身につけていく子どもたちを豊かに育むには、どのような保育を目指すとよいのか。生まれたばかりの乳児の時期に子どもが、どのように言葉に触れていくのか、『保育所保育指針』から理解しよう。

1. 乳児保育の基本

「保育所保育指針における乳児の基本事項」では、保育を行ううえで乳児の発達特性を踏まえた留意点などが記載されている。

〈基本的事項〉

ア　乳児期の発達については、視覚、聴覚などの感覚や、座る、はう、歩くなどの運動機能が著しく発達し、<u>特定の大人との応答的な関わりを通じて、情緒的な絆が形成されるといった特徴がある。これらの発達の特徴を踏まえて、乳児保育は、愛情豊かに、応答的に行われることが特に必要である。</u>

イ　本項においては、この時期の発達の特徴を踏まえ、乳児保育の「ねらい」及び「内容」については、身体的発達に関する視点「健やかに伸び伸びと育つ」、社会的発達に関する視点「身近な人と気持ちが通じ合う」及び精神的発達に関する視点「身近なものと関わり感性が育つ」としてまとめ、示している。

ウ　本項の各視点において示す保育の内容は、第1章の2に示された養護における「生命の保持」及び「情緒の安定」に関わる保育の内容と、一体となって展開されるものであることに留意が必要である。

（下線は筆者が加筆）

＊　　＊　　＊　　＊　　＊

（1）乳児期の発達

保育所において、乳児が安定した生活を送り、充実した活動をするために、発達に即した保育者の関わりが必要となる。

とりわけこの時期は、特定の大人との応答的な関わりを通して、情緒的な絆が形成される。そのため愛情豊かに、応答的に関わることが保育者には求められる。

① 「生命の保持」と「情緒の安定」

保育において重要となるのは、「養護」と「教育」である。

「養護」とは、子どもの生命の保持及び、情緒の安定のことを意味している。乳児の欲求に応え、愛情を込めた関わりをすることにより、乳児と大人との間に「愛着関係（アタッチメント）」が形成されていく。愛着ある大人を拠り所として、周囲を探索し始めることができるのである。

一方，「教育」とは，子どもが健やかに成長し，その活動がより豊かに展開されるための発達の援助を意味している。乳児の場合，働きかけに応じて，大人が反応してくれることにより，人との関わりを学んでいくことができるのである。

この二つの側面が独立して存在するのではなく，生活のあらゆる場面で一体となって展開されることが，乳児保育における言葉の援助でも大切になっている。

② 大人との応答的な関わり

人間は，生理的早産とされる(ポルトマン, 1961)。これはほかの哺乳類に比べ，人間が1年早産であるということである。生まれてすぐ歩くことも，自分で食べ物を得ることもできないという意味で，乳児は他人からの保護を必要とする。

しかしながら，乳児は全く何もできないわけではなく，生まれて間もない乳児も様々なことを行っている。

生後1年間は，言葉を話す以前の時期ではあるが，新生児であっても目を合わせてゆっくりと口を開閉することができ，大人が舌を出し入れして見せると，同じように真似ることができる(共鳴動作)。また，言葉そのものや言葉の間に合わせ，同調したリズムで身体を動かして応答することもできるのである(相互同期性)。乳児は泣いたり，笑ったり，手足を動かしたり，やがて喃語を用いたりして大人とやり取りをする。このような乳児の動作に対して，保育者は様々な表情や声かけ，スキンシップをとりながら応える必要がある。

このように，言葉を使う以前の乳児も，言葉以外の方法で，自分が感じていることを伝えるために，コミュニケーションを図っている。大人が乳児のコミュニケーションに対して応答することで，感じている動作や気持ちがどのようなものなのか，理解していくことができる。

例えば，のどが渇いている乳児に対して，ミルクや白湯を与える際「のどが渇いていたんだね」，「おいしいね」といった声かけを保育者が行うことで，乳児の気持ちに寄り添った応答的な関わりをすることができるのである。

2. 身近な人と気持ちが通じ合うために

乳児期の保育では，それ以降の保育で示される5領域は示されていない。その代わり，「健康な心と体(身体的発達)」，「身近なものとの関わり(精神的発達)」，そして「身近な人と気持ちが通じ合う(社会的発達)」の視点が定められている。これら三つは独立しているわけではなく，互いに影響を及ぼし合いながら，それぞれの側面が発達していくのである。

以下の項目では，とりわけ「身近な人と気持ちが通じ合う(社会的発達)」という側面から，言葉を中心とした保育について考えていく。

(1) 何かを伝えようとする意欲

言葉を使う以前の時期に，『乳児からの発信を受け止めて，その気持ちにそった言葉

かけや，語りかけ，楽しい歌いかけなどを通して，周りの大人が，「あなたのこと，大好きよ」という気持ちを伝えること』が大切であるとされる(子どもと言葉研究会，2017)。言葉以前の乳児からの働きかけに応じることにより，コミュニケーションは始まるということである。

　保育者は，愛情をもって，乳児の目を見て話しかけることを心がけてほしい。正しい姿勢で，自然な声で，適度な高さで声かけをすることで，乳児は，他者に気持ちを伝える喜びを感じる。

　生後およそ2〜3か月から，泣き声とは異なった舌をあまり使わない母音の発声(ああ，うーう，おおなど)が始まる(クーイング)。また，4か月以降になると，子音と母音の繰り返しの発声(ママ，ダダ，ババ，パパなど)が始まる(喃語)。また，乳児は，からだ全体を動かして手足を動かす表現も行っている。このような乳児からのコミュニケーションに対して，よく聞き，反応を示すことが保育者には求められる。保育者は乳児にとって，言葉のロールモデルである。言葉が理解できないだろう，言葉が使えないだろうと安易に判断するのではなく，言葉を用いて語りかけることも重要となってくる。同時に，保育者は，乳児の言葉の聞き手であることも忘れてはならない。

　乳児の言葉以前のコミュニケーションをよく聞くことを心がけてほしい。大切なことは，子どもの動作や反応に応えることから子どもの要求を汲み取り，関わりを築いていくことである。

(2)　身近な大人との信頼関係

　乳児の発する言葉に対して，こちらが繰り返すように応じることで，乳児は応答を体験することができる。応答してくれる大人に働きかけたいという気持ちが，やがて乳児のコミュニケーションを図る基盤となる信頼関係につながっていく。この応答の積み重ねにより，乳児と身近な大人との信頼関係は築かれていくのである。

　乳児に対して声をかける際の特徴として，言葉のイントネーションが大きく，テンポがゆっくりであり，声のトーンが高く，言葉を何度も繰り返す様子がみられる。加えて，優しい声と笑顔を伴うことが多い(今井，2021)。これをマザリーズ(母親語)という。

　マザリーズ(母親語)は，日本に限らず，世界中の文化の中に確認することができる。気持ちが通じ合うために，まず乳児が聞き取りやすい高い音での声かけが，乳児が関わりに関心をもつきっかけとなる。マザリーズ(母親語)という名称ではあるが，声の低い男性であっても，高い音での声かけを行うことで乳児の聞きとりやすさにつながる。

　『保育所保育指針』において示されている乳児期の大人との「応答的な関わり」とは，乳児が何かを伝えたいと思う気持ちを大人が受け止め，その気持ちに応じて働きかけることから生まれる。その積み重ねにより，乳児と大人との間に「愛着関係(アタッチメント)」が形成されていく。

SECTION 2　乳児保育における社会的発達の視点 「身近な人と気持ちが通じ合う」にみる言葉への援助

Study Points　生まれたばかりの乳児と周囲の大人は，どのように気持ちを通わせることができるのだろうか。言葉以前のコミュニケーションの方法について理解し，身近な人と気持ちが通じ合うとは，どのようなことなのか学ぼう。

1. 保育の内容

　　社会で生きていく中で，人との関わりは重要なものであるが，乳児はまず身近な大人との関わりを通して，人間関係を形成していく。保育者は家族の次に身近な大人である。保育所において，保育者と乳児の気持ちが通じ合い，受容的・応答的な関わりを築くことで，乳児は，その後の人生における，人と関わる力の基盤を培うのである。

2. ねらい

　　『保育所保育指針』では，主に三つのねらいが示されている。まず乳児が安心できる関係の下で，身近な人と共に過ごす喜びを感じることが挙げられている。続いて，からだの動きや表情，発声などにより，保育者と気持ちを通わせようとすることが示されている。最後に，身近な人と親しみ愛情や信頼感が芽生えることが挙げられている。

（1）　安心できる関係の下で，身近な人と共に過ごす喜びを感じる

　　まず，保育者が共感的に応答することにより，乳児は自分の感覚を知ることができる。保育者とのやり取りが繰り返されることにより，欲求に対して，いつも大人がやさしく応じてくれることを知るのである。保育者が乳児の欲求への感情を見逃すことなく，受け止めることで，乳児の情緒は安定していくのである。

（2）　からだの動きや表情，発声などにより，保育士等と気持ちを通わせようとする

　　生まれたばかりの乳児も，泣いたり，笑ったり，目を動かすことで，保育者と関わりをもとうとしている。先に述べた通り，手足を動かしたり，クーイングや喃語を用いたりして，乳児は周囲とコミュニケーションを図ることを始める。これらの動作への保育者の反応が，乳児の気持ちが通じる体験となるのである。

（3）　身近な人と親しみ，関わりを深め，愛情や信頼感が芽生える

　　人との関わりが安心するものであることを知った乳児は，自分にとって特に安心する大人と親密な関係を結んでいく。家庭であればお世話をしてくれる特定の大人，保育所では，担当の保育者がそのような関係の大人となる。自分の身振りや声に応えてくれる大人がいることで自己の肯定感と人への信頼感を培っていくのである。

　　自分を理解し，欲求に応じてくれる特定の大人を見いだすことにより，愛着関係（ア

タッチメント）は形成されていく。そのため保育所の乳児クラスでは，複数の担任が在籍していても，特定の乳児の担当が決められていることが多い。乳児との関わりは，おむつ交換，ミルクや離乳食の介助，だっこなど，一対一で関わることが多い。このような関わりの中で，視線を合わせ，応答的に語りかけることで信頼関係が深まっていく。

3. 内　容

（1）　子どもからの働きかけを踏まえた，応答的な触れ合いや言葉がけによって，欲求が満たされ，安定感をもって過ごす

　生後間もない乳児は，聴覚を用いて，ほかの音に比べ，人の声に最もよく反応する。まだぼんやりとではあるが，視覚を用いて話しかける大人を見つめることもできる。

　また，スキンシップは心の安定となる。肌が触れ合うことによる柔らかさや温かさを知ると，乳児は自ら手を伸ばしてスキンシップを求めるようになる。スキンシップは乳児からの欲求だけでなく，様々な活動を通しても体験できる。ベビーマッサージを行うことや，ゆっくりと回転したり揺らしたりすることで応答的な触れ合いができる。その際，動作だけではなく，言葉かけも忘れず，コミュニケーションを図るようにしたい。また，手遊びやわらべうたを用いて，触れ合うこともできる。手遊びやわらべうたには，繰り返しの言葉や動作がある。繰り返しによって，乳児は心地よさを体験する。

（2）　からだの動きや表情，発声，喃語などを優しく受け止めてもらい，保育士とのやり取りを楽しむ

　生後およそ3〜5か月のうちに，乳児は首が座り，手足の動きを活発にさせる。また，発声，喃語なども活発になる。これらの動作に対して，保育者は，優しく受け止め，微笑んだり，喃語へ言葉を返したりすることが大切になる。乳児は，このやり取りを繰り返すことで，他者との関わりを心地よいものと感じる。例えば，乳児の喃語に対して，同じように真似をして発話したり，「そうだったの？」，「あれはなんだろうね」，「すてきだね」と声をかけたりすることは，その後のコミュニケーションの土台となっていく。

（3）　生活や遊びの中で，自分の身近な人の存在に気づき，親しみの気持ちを表す

　およそ6か月頃には，身近な関わりをもつ人の顔がわかるようになり，あやすと笑ったり，声を上げたりするようになる。知っている人と知らない人の見分けがつくようになり，8か月頃には，人見知りが生じることも多い。これは，決してわるいことではなく，愛着形成（アタッチメント）の結果であり，乳児の成長として肯定的に受け止める必要がある。保育室内で，他の保護者を見て泣いたり，担当以外の保育者に抱かれることを嫌がったり，担当の保育士を後追いすることは，今後の人間関係の礎となるのである。

（4）　保育士等による語りかけや歌いかけ，発声や喃語等への応答を通じて，言葉の理解や発語の意欲が育つ

乳児の動作に対して，保育者が，言葉で代弁することからも，言葉の理解が促される。例えば，ものをつかむ動作に対して「ニギニギ」と言葉を添えることで，やり取りの心地よさを感じるようになる。言葉にならない思いを保育者が代弁してくれることで言葉への関心も深まる。これらは，興味や関心を身近な他者に伝える喜びを感じる体験となる。

（5）　温かく，受容的な関わりを通じて，自分を肯定する気持ちが芽生える

　　保育者が乳児をギュッと抱きしめたり，優しく回転しながらダンスをしたり，触れ合うことで，乳児は自分が受け止められていると感じる。この経験は，今後の自己肯定感につながっていく。特定の保育者と乳児の関係が深まることで，さらに広い世界で，生涯にわたる人との関わりの中で自分を発揮していく自信につながるのである。

4.　内容の取扱い

（1）　基盤となる信頼関係

　　特定の大人との信頼関係を基盤として，生後5，6か月ぐらいになると，より広い世界に関心を示す。ここは安全，この人は大丈夫だと受け止めることができる体験により，乳児は広い世界に歩み出ることができる。より多くの他者と信頼関係を結ぶためにも，最初の愛着関係（アタッチメント）が大切になるのである。乳児一人ひとりの特性や発達の様子を鑑みて，適切な援助を行うことが保育者には求められる。

（2）　言葉の獲得

　　クーイング，喃語に始まり，言葉を使うようになる。人をまねたり，からだの動きと連動させてコミュニケーションを図ったりする。おおよそ10か月頃には，保育者が指さす方向に目線を向けたり，自身でものを指したりすることもできるようになる。その際にも，保育者は，乳児の気持ちに共感するように言葉を用いることが求められる。温かい雰囲気の中で，ゆっくりと話しかけてみたり，積極的に言葉を投げかけてみたりすることに留意し，一人ひとりの乳児との関わりを深めていくことが必要となる。

　　生活の中で，乳児は様々なものに関心を示すようにもなっていく。その際，乳児と保育者と対象物となるものとの「三項関係」において，乳児の「指さし」に反応し，ものの名前を伝えることは乳児の重要な体験となる。乳児が指さすようになると，乳児はコミュニケーションの主導権を握るようになる。これは何か，触れてもいいものなのか，身近な大人に対して，乳児は積極的に問いかけを始める。絵本の読み聞かせも同様に，乳児と保育者をつなぐ媒介として，言葉の体験を促す。保育者と共に絵本の絵に触れたり，自らページをめくったりすることから，乳児は言葉を知る。

　　乳児が身近な大人と気持ちが通じ合うためには，大人が乳児のからだの動きや表情，喃語を受け止める必要がある。そのうえで，大人が積極的に乳児に手遊びやわらべうたを含む言葉かけを行うことで，乳児は言葉に対して関心を示すようになり，やがて自ら言葉を獲得していく。

5章　低年齢期（1歳以上3歳未満児）のことばの発達

SECTION 1　1歳以上3歳未満児のことばの発達過程

Study Points　1歳以上3歳未満の子どもが話すことばを知り，ことばの発達とことばの獲得過程について理解しよう。

1. ことばの発達

　1歳前後に，初語である有意味語を話せるようになると，子どもが話すことができる一語のことばは，次第に増えていく。「マンマ」，「ママ」，「パパ」，「ワンワン」など，一つの語によることばで，これらのことばは，「一語文」とか「一語発話」とよばれる。

　子どもが一語文を話せるようになると，大人は，ことばから子どもの気持ちを理解するようになり，ことばによるコミュニケーションが可能になる。しかし，一語文の一語が示すことばの意味は幅広く，例えば，犬を意味する「ワンワン」という一語には，「わたしの好きな『ワンワン』」，「いるよ！『ワンワン』」，「見て！『ワンワン』」，「こっちに来て！『ワンワン』」，「『ワンワン』が寝てる」，「『ワンワン』の毛，ふわふわ」，「『ワンワン』を触りたい！」，「『ワンワン』を抱っこしたい！」といった子どもの様々な思いを表すことができる（図5-1）。このように一語に込められたことばの意味は多様である。この一語文は大人が解釈するもので，大人は，子どもの表情やしぐさ，子どもの特徴，その場面の背景などを踏まえて，一語文で表現することばの意味や子どもの気持ちを理解する必要がある。

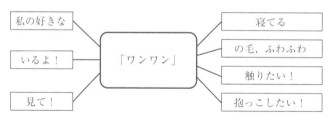

図5-1　「一語文」解釈の例

村田孝次：「言語発達」『児童心理』有斐閣（1973）を参考に筆者作成

　2歳頃で子どもは，二語を使ったことばを話すようになる。「ワンワン・ナイ」，「クック・アッタ」というように，2つの語で構成されたことばで，「二語文（二語発話）」とよばれる。3歳頃では，「ママ・オチャ・チョーダイ」といった，3つの語で構成されたことばを話すようになり，3つ以上の語で構成されたことばは「多語文（多語発話）」とよばれる。子どもは，語と語をつなげて話すことからはじめ，この後，助詞や助動詞といった文法の使い方を次第に獲得していく。

　「語彙爆発（ボキャブラリー・スパート）」とよばれる子どもの獲得語彙数が急上昇する現象が，1歳後半以降にみられる。年齢発達と共に，子どもが経験する事柄は広がり，様々なモノに触れ合うことで，モノの名前を知る機会は増える。また，モノには名前が

あることを知ると、1歳後半〜2歳前後では、指さしやことばを使って「これ・なぁーに？」と大人への質問が増えるので、大人からモノの名前を教えてもらう機会が増える。このようにして、出会うモノの名前を獲得していく姿がみられる。この時期を「第一質問期」や「命名期」とよぶ。子どもが言う、「これ・なぁーに？」に応えると、子どもは次々に、目に入るものを指して、「これ・なぁーに？」と質問してくることがある。大人は子どもの質問に応えることで人変かもしれないが、子どもはモノの名前を知るだけでなく、自分の質問に応えてくれる大人との関わりを楽しんでいる。さらに、2歳半〜3歳後半の時期は、物事の因果関係を理解しようとする子どもの発達がみられ、「どうして？」と理由を質問するようになり、「第二質問期」とよばれる。例えば、「おへそはどうしてあるの？」、「どうしてお腹は鳴るの？」といった質問があった場合、大人からすると当たり前のことで、その質問に応えるのは難しいと感じることがあるだろう。松原（1979）は、「上手な答え十個条」を示しており、その上位3つには、「子どもの知的発達に応じて、わかりやすく説明する」、「誠意をもって真剣に答える」、「子どもの質問を笑わない」ことを挙げている。大人は子どもが理解できる言葉を使って話し、どのような子どもからの質問も、子どもの興味と関心の表れで、受け止めていく態度が大事である。質問期は、子どもが自発的に質問し、人に関わっていく姿の表れで、著しい成長である。

　ここまでの1歳以上3歳未満の子どものことばの発達について、表5-1に示す。

表5-1　1歳以上3歳未満の子どものことばの発達

年　齢	ことばの発達
1歳前後	初語
1歳前後	一語文（一語発話）
1歳後半以降	語彙爆発（ボキャブラリー・スパート）
1歳後半〜2歳前後	第一質問期（命名期）
2歳頃	二語文（二語発話）
2歳半〜3歳後半	第二質問期
3歳頃	多語文（多語発話）

中島常安・請川滋大・畠山寛・畠山美穂・川田学・河原紀子：「発達心理学用語集」同文書院（2006）を参考に著者作成

2.　ことばの獲得過程

　子どもは、ことばをどのように獲得していくのだろうか。それぞれの子どもが独自にことばを獲得しており、ここでは、女児Nが発した「ニャンニャン」という音声（ここでの「ニャンニャン」は、猫の意味をもっていない）に注目し、「ニャンニャン」がどのような意味をもって使われ、変化していくのか、その過程を紹介する。

＜女児Nによる「ニャンニャン」の変化＞　岡本夏木：「子どもとことば」岩波書店（1982）を参考に筆者作成

① 　7か月〜　快適な気分で落ち着いた状態のとき、「ニャンニャン」を喃語として発する。

② 　8か月〜　対象への喜びや、つかみたい気持ちを表現して、「ニャンニャン」を発する。

③ 　9か月〜　「桃太郎絵本の白犬」と「白毛の玩具のスピッツ」という特定の対象に結

びつけて，「ニャンニャン」を発する（表5-2）。このとき，周りの大人は白犬や玩具のスピッツのことを「ワンワン」とよび，女児Nに対して「わんわんは？」と聞くと，女児Nは必ずスピッツの方を正しく見ることができた。しかし，女児Nは，スピッツのことを「ニャンニャン」とよぶ。

表5-2　女児Nの言葉の獲得過程

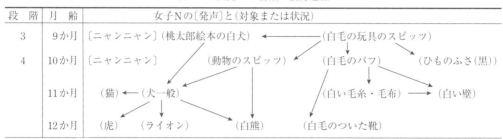

岡本夏木：「子どもとことば」岩波書店（1982）を参考に著者改変

④　**10か月～**　様々な物や状況に広げて，「ニャンニャン」を発するようになり，特徴として，スピッツ犬とつながる四足獣，スピッツ犬の毛の性質と繋がる白色やふさふさ，柔らかい感触に拡張して，「ニャンニャン」を発する（心理学では，知覚を主な手がかりとして，本来の語の意味を越えて適用する現象を「過剰般化」という。ことばを獲得していく初期段階でみられる（中島ら，2006））（表5-2）。

⑤　**1歳1か月～**　動物や乗り物に関する語をはじめ，多くの語（一語文）を獲得し始めると，「ニャンニャン」を適用する範囲は縮小する。

⑥　**1歳6か月～**　二語文を獲得し始めると，適用範囲は縮小していた語である「ニャンニャン」を再び活用して発する（表5-3）。

表5-3　女児Nの「ニャンニャン」を用いた二語文の例

●「クロ<u>ニャンニャン</u>」（黒<u>白</u>ブチの犬）　●「<u>ニャンニャン</u>クック」（<u>白毛</u>の靴）
●「オーキ<u>ニャンニャン</u>」（大きい<u>白犬</u>）　●「<u>ニャンニャン</u>チョッキ」（<u>白毛糸</u>のチョッキ）
●「クマ<u>ニャンニャン</u>」（ぬいぐるみの熊）

岡本夏木：「子どもとことば」岩波書店（1982）を参考に著者改変

女児Nが，1歳7か月のときには，一語文で「ワンワン」（犬）や「ネコ」（猫）の語を発する姿もみられる。

⑦　**1歳9か月～**　複数の語を連ねて話すときでも，「ニャンニャン」が出現することは，ほとんどいない。慣習語を用いて話すことができ，犬に対して犬を意味する「ワンワン」を適切に使用する（表5-4）。

表5-4　女児Nの「ニャンニャン」を用いないことばの例

●戸外の犬の鳴き声を聞いて，「<u>ワンワン</u>デショウ」
●大きい犬が鳴かずに通るのを見て，「オーキイ<u>ワンワン</u>　<u>ワンワン</u>ユワヘンワ」
●（隣人よりケーキをもらって）女児N「ダレガクレタノ？」
　　　　　母　「しのはらさん」
　　　　女児N「<u>ワンワン</u>イルシノハラサン？」

岡本夏木：「子どもとことば」岩波書店（1982）を参考に著者改変

このように女児N（7か月）がはじめに発した
喃語であり，ことばとしての意味をもたない
「ニャンニャン」は，次第に特定の物（9か月の
例では，「桃太郎絵本の白犬」と「白毛の玩具の
スピッツ」）を対象とした，意味のある音声と
して用いられるようになり，さらには，過剰般
化による活用がみられ，縮小と再出現を経て，
最終的には，ほぼみられなくなる。子どもがこ

図5-2　理解語彙と表出語彙の不一致

とばを獲得し，適切に話すことができるようになるまでの過程では，様々な意味をもつ
音声（語）が発せられていることがわかる。

　また，子どもが大人のことばを聞いて理解していることばである「理解語彙」（女児N
の場合，周りの大人が話す，「ワンワン」を理解していた（図5-2）。）は，子どもが話す
ことができることばである「表出語彙」（女児Nの場合，「ワンワン」と話さず，「ニャン
ニャン」と発した（図5-2）。）と同じとは限らない。実際に，一語文を話すことができる
1歳児のことばの理解を調査した実験では，1歳児が話すこと以上のことばを理解して
いることが示されている（ウィリアム・オグレイディ（監訳）内田聖二，2008）。つまり，子どもが話す
ことができることばと子どもが理解できていることばは同じではなく，子どもが理解で
きていることばの方が，子どもが話すことができることばに比べて，発達のスピードは
速いといえる。

　このような子どもの特徴から，大人は，子どもの話すことばを文字通りに解釈するの
ではなく，子どもが表現することばの背景にある子どもの思いやことばにならない子ど
もの思いに気づく必要がある。

事例5-1　1歳2か月，男児　言えないけど知ってるよ　6月

　　まだ多くの一語文を話すことができないダイちゃんは，絵本を持ってきて保育者に渡しました。
　保育者は，「ダイちゃん，読んで欲しいの？」と声を掛け，一緒に座って絵本を読むことにしまし
　た。保育者は同じ絵本を何度もダイちゃんに読んだことがあり，複数の動物が載っているページ
　で問いかけました。「パンダは？」，「クマさんは？」，「ゾウさんは？」と言うと，ダイちゃんは次々
　に動物の絵を指さします。ダイちゃんは，動物の名前を自分で言うことはできませんが，名前を
　聞いて理解しているようです。

　　＊保育者によると，はじめは絵本を読むとき，「これは，パンダ」，「クマさん」，「ゾウさん」……と，
　　保育者が動物の絵を指さしながら名前を言っていました。ダイちゃんは，絵本を介して保育者の言葉
　　を繰り返し聞いて動物の名前を知り，理解していったのでしょう。

　　1歳以上3歳未満の子どもは，一語文，二語文，多語文と話すことができることばの数は増えて
　いく。しかし，子どもが話すことができる言葉（表出語彙）と子どもが理解できている言葉（理解語
　彙）は同じではなく，表出語彙よりも，理解語彙の方が発達は速い。

SECTION 2　自我の芽生えとことば

 自我が芽生える時期の子どもとことばの特徴を知り，保育者の子どもへの関わりについても考えよう。

1.　自我の芽生え

　1歳頃，子どもは自分が他者と異なることに気づき，自我が芽生える。次第に他者から自分の名前を「○○ちゃん」とよばれたとき，「はーい」と言って，自分の名前に応えることができるようになる。このように，子どもが自分の名前をわかり，自分と他者の名前は異なることに気づくと，自分のものと他者のものとの区別もできるようになる。例えば，自分が使っていた玩具を友だちが持っていれば，「○○ちゃんの（自分の名前）！」と言って，取り返そうとし，この玩具は自分のものであることを意識した「所有の意識」がみられる。

　また，できることは増えていき，例えば，歩けるようになる，トイレに行って排泄できる，服のボタンを外すことができるなど，自分のことを自分でできるようになると，自分でやりたいという子どもの気持ちはますます大きくなる。大人がこれまでと同様に手伝うと，子どもは，「自分で！」「イヤ！」といったことばで表現し，自分でやりたい気持ちを示す。大人からすると，反抗するような子どもの姿が現れるこの時期を，「第一次反抗期」とよぶ。2〜3歳頃，第一次反抗期に入る子どもが多く，大人の手出しを嫌がる子どもの姿が顕著になる。

2.　自己制御

　「自己制御」とは，自分の感情や行動をコントロールして調整する力のことで，「自己主張」と「自己抑制」の2つの力を合わせもつ。「自己主張」は，自分の欲求や行動を表して主張する力で，「自己抑制」は自分の欲求や行動を抑制したり方向転換したりする力のことである。自己主張する姿は3〜4歳で急激に増加し，その後の増加はあまりみられないが，自己抑制する姿は，3〜7歳までの間に徐々に増加する(柏木，1988)。つまり，幼児期は，自分の欲求を抑制する気持ちに比べて，自分の欲求を主張する気持ちの方が発達は速いといえる。例えば，友だちが使っている玩具を使いたい気持ちが大きく，「かして」と言わずに友だちから奪い取ってしまうことがある。また，自分が使っている玩具を友だちから「かして」と言われたとき，「いいよ」と譲ることができないこともある。

　「かして」と「いいよ」は，人と物を共有するときに使うことばで，特に友だちと一緒に生活する園で必要なことばである。まずは，ことばで表現できるようになり使い方を知ることから始まるが，表面的なことばのやり取りとして子どもに根づくのではなく，子どもの心が伴うことばが育まれるように，時間をかけて子どもの育ちをみていく必要がある。

　1歳頃の自我の芽生えは，その後の自己主張する子どもの姿，第一次反抗期につながる。「自分で！」，「イヤ！」と言って自分を主張し，「貸して」と言わずに物を奪い合う態度が現れるようになる。

SECTION 3　オノマトペによる言葉のイメージ

 Study Points　オノマトペを理解し，オノマトペによる表現を考えてみよう。

　オノマトペは，擬音語や擬態語のことで，使う人の感性によって自由に表現できることばである。音声や鳴き声，音をまねして表現する，「ワンワン」「チョキチョキ」，動作や動きを表現する，「パクパク」「ヒラヒラ」，事物の状態や感覚を表現する，「ベタベタ」，「ザラザラ」，主観による内的状態や感覚の認識を表現する，「ドキドキ」，「ヒリヒリ」といったオノマトペを挙げることができる(丹野, 2005)。

　子どものオノマトペの使用頻度は2歳が最も多く，同時に2歳頃からオノマトペに代わって大人が使用していることばである成人語の使用が増加し，年齢が大きくなるにつれて成人語をよく使い，オノマトペの使用は減少する(石本・山本, 2021)。一方，保育者も子どもに対してオノマトペを効果的に使用している。オノマトペのみの使用は0歳児に対して最も多く，年齢が上がるにつれて少なくなり，また，年齢が低いクラスでの全体指導では，オノマトペと一般語を交えることが多い(上原・山本, 2015)。特に，生活指導場面でオノマトペを使用することは多く，実際に子どもに用いられたオノマトペを表5-5に示す。また，動作に関するオノマトペの使用も多く，保育者が動作と一緒にオノマトペを使用した例を表5-6に示す。これらは，子どもの認知レベルと行動レベルの双方への働きかけを可能とする(近藤・渡辺：2008)。

表5-5　生活指導場面で保育者が使用したオノマトペ

0歳	食事を促す：「マンマしよう」，咀しゃくを促す：「モグモグ・カミカミ」
1歳	昼寝を促す：ねんね，ゴロンするよ」，熱を測る：「ピッピしよう」
2歳	手洗いをわかりやすく伝える：「おててゴシゴシしよう」，うがいを促す：「ブクブクうがいしよう」
3歳	水を止めるように伝える：「水がジャージャー出しっぱなしよ」

上原郁美・山本真由美：「保育場面における保育者のオノマトペ使用に関する意識」(2015)を参考に著者改変

表5-6　4歳児クラスで用いた動作に関するオノマトペ

- ●砂場でスコップを持ち，山の作り方を説明する：「こうやって(土をかけて)ペタペタペタって」
- ●子どもと一緒に傘をたたみながら言う：「こうやってね，クルクルクルー」
- ●木の周りを回るように子どもに指示する：「グルーって回っておいで」

近藤綾・渡辺大介：「保育者が用いるオノマトペの世界」(2008)を参考に著者改変

　このように保育者がオノマトペを用いて子どもに働きかけることで，子どもはイメージしやすく，理解しやすくなる。子どもの言葉に対する感覚や語彙を豊かにすることができるように保育者が擬音語や擬態語(オノマトペ)を使用することは，保育所保育指針解説(2018)においても示されている。

　子どもは2歳でオノマトペを最も多く使い，保育者は0歳児に対してオノマトペを最も多く使う。いずれも子どもの年齢が大きくなると，オノマトペの使用は減少する。

6章　低年齢児保育における領域「言葉」の援助

SECTION 1　『保育所保育指針』における1歳以上3歳未満児の基本事項

Study Points　『保育所保育指針』で示される「基本的事項」について理解する。1歳以上3歳未満児の保育が，乳児保育と3歳以上児の保育につながっていることを知り，子どもの発達を踏まえて，子どもへの言葉を育む関わりができるようにしよう。

1.　1歳以上3歳未満児の保育の基本

『保育所保育指針』の「基本的事項」では，1歳以上3歳未満の子どもの発達特性や保育における留意点などを次のように示している。

〈基本的事項〉

ア　この時期においては，歩き始めから，歩く，走る，跳ぶなどへと，基本的な運動機能が次第に発達し，排泄の自立のための身体的機能も整うようになる。つまむ，めくるなどの指先の機能も発達し，食事，衣類の着脱なども，保育士等の援助の下で自分で行うようになる。発声も明瞭になり，語彙も増加し，自分の意思や欲求を言葉で表出できるようになる。このように自分でできることが増えてくる時期であることから，保育士等は，子どもの生活の安定を図りながら，自分でしようとする気持ちを尊重し，温かく見守ると共に，愛情豊かに，応答的に関わることが必要である。

イ　本項においては，この時期の発達の特徴を踏まえ，保育の「ねらい」及び「内容」について，心身の健康に関する領域「健康」，人との関わりに関する領域「人間関係」，身近な環境との関わりに関する領域「環境」，言葉の獲得に関する領域「言葉」及び感性と表現に関する領域「表現」としてまとめ，示している。

ウ　本項の各領域において示す保育の内容は，第1章の2に示された養護における「生命の保持」及び「情緒の安定」に関わる保育の内容と，一体となって展開されるものであることに留意が必要である。

（下線，および波線は筆者加筆）

*　　*　　*　　*　　*

からだ，および身体機能の発達は進み，1歳を過ぎる頃には，大人の援助を受けながらも，自分でできることが多くなる。言葉に関しては，1歳頃，初語をはじめとした一語文を獲得し，語彙が増えるため，次第に自分の気持ちを言葉で表現しようとする。保育者が子どもの興味や関心に気づき，応答的に言葉をかけることで，子どもの語彙はさらに増える。2歳頃は，言葉の獲得語彙数が著しく増え，言い誤りを経験しながらも，言葉は発達し，やがて適切な言葉を話すようになる。この時期は，子どもの伝えたいという気持ちを尊重し，言葉による人との関わりを楽しむことを大事にする。

1歳頃，初語をはじめとした一語文を獲得した後，言葉の発達は著しい。保育者は，子どもの話したい気持ちを尊重し，温かく愛情豊かに，応答的に関わる。

SECTION 2 領域「言葉」における保育内容及び援助

Study Points 保育内容は，「乳児」，「1歳以上3歳未満児」，「3歳以上児」の年齢区分で示されている。5領域の中の一つに，領域「言葉」がある。1歳以上3歳未満の子どもの保育における領域「言葉」を理解しよう。

1. 保育の内容

　1歳以上3歳未満の子どもの保育における領域「言葉」には，「ねらい」と「内容」，「内容の取扱い」が示されており，『保育所保育指針』と『幼保連携型認定こども園教育・保育要領』において示されている。両者で示される事柄は，施設の制度上の相違などによる文言の違いを除いて，共通する。ここでは，『保育所保育指針』を用いて解説する。

　『保育所保育指針』の第2章「保育の内容」の2「1歳以上3歳未満児の保育に関わるねらい及び内容」の(2)「ねらい及び内容」のエ「言葉」において，「ねらい」は3項目，「内容」は7項目，「内容の取扱い」は3項目で示されている。「ねらい」とは，「保育の目標をより具体化したものであり，子どもが保育所において，安定した生活を送り，充実した活動ができるように，保育を通じて育みたい資質，能力を，子どもの生活する姿から捉えたもの」(厚生労働省，2017)である。「内容」とは，「『ねらい』を達成するために，子どもの生活やその状況に応じて保育士等が適切に行う事項と，保育士等が援助して子どもが環境に関わって経験する事項を示したもの」(厚生労働省，2017)である。「内容の取扱い」には，先の「内容」を踏まえて保育を行うに当たり，保育者が留意する事項が記載されている。

　領域「言葉」は，「経験したことや考えたことなどを自分なりの言葉で表現し，相手の話す言葉を聞こうとする意欲や態度を育て，言葉に対する感覚や言葉で表現する力を養う。」ことを目指す領域である。『保育所保育指針』で示される「ねらい」，「内容」，「内容の取扱い」を具体的にみていく。

2. ねらい

「ねらい」には，次の3項目が記載されている。

① 言葉遊びや言葉で表現する楽しさを感じる

　日本語には言葉のもつ響きやリズムに美しさやおもしろさがある。例えば，何かが転がる音は，「コロコロコロ」，「ゴロンゴロンゴロン」，「ドテドテドテ」のような言葉で表現することができる。保育者が言葉の意味を表情やからだ，音声などで表現することによって，子どもは言葉の意味を理解するようになる。言葉のもつ響きやリズムを楽しみ，子どもは保育者を真似て表現することを楽しむ。

② 人の言葉や話などを聞き，自分でも思ったことを伝えようとする

　子どもは自分の言葉や話を聞いてもらえたという経験をもつことで，人の言葉や話を聞くようになる。また，自分のことを聞いてもらえる，受け止めてもらえる相手には，自分の気持ちを伝えたくなるものである。まずは，保育者が子どもを受け止め，応答的に関わって信頼関係を築く。そして，信頼関係を築いた保育者を仲立ちとして，友だち

との関わりを楽しめるようにする。楽しい関わり合いの中で，相手の言葉を聞き，相手に自分の気持ちを伝えようとする子どもの姿がみられる。

③　絵本や物語等に親しむとともに，言葉のやり取りを通じて身近な人と気持ちを通わせる

　子どもは，絵本や物語に出てくる言葉の響きやリズム，ストーリーを楽しむ。さらに絵本などを介して，言葉のやり取りを楽しみ，保育者や友だちとの言葉のやり取りの中で，言葉を理解する。言葉で伝え合い，気持ちが通じ合う心地よい人との関わりや経験が言葉による人との関わり合いを生み，言葉を育む。

　以上，3つの「ねらい」は，子どもの姿において，言葉を使って楽しい気持ちを味わうこと，言葉を用いた人との関わりがみられることを大事にするものである。

3. 内　容

　「内容」には，次の7項目が記載されている。

①　保育士等の応答的な関わりや話しかけにより，自ら言葉を使おうとする

　一語文の獲得から始まるこの時期は，言葉で十分に表現することは難しい。言葉にならない発声で表現したり，身振りや指さしといった態度や表情で表現したりする子どもの姿を捉え，保育者が子どもの気持ちを考えながら応答的に関わっていく。例えば，子どもが窓の外の方を指さしたとき，保育者が「お外に行きたいの」，「お外に○○が見えるね。行ってみようか」などと，子どもの気持ちを考えながら言葉を用いて応えていく。また，子どもが指して「あっち」と言えば，「あっ ちに何かあるかな」などと子どもと一緒に行って みる（図6-1）。このように保育者が，子どもの気 持ちに寄り添い，応答的な関わりをすることで， 子どもは自分を受けとめ，応えてくれる保育者に 自分の気持ちを伝えようとする。言葉による表現 につながる。

図6-1　窓の外を指す子ども

②　生活に必要な簡単な言葉に気づき，聞き分ける

　園での生活の流れを示す言葉に，「朝の会」，「昼食」，「お昼寝」，「帰りの会」などがある。また，「片付け」，「お着替え」といった子どもの動きを伴う言葉や，「かして」，「いいよ」，「ありがとう」といった人との関わり合いの中で使われる言葉がある。これらは園での過ごし方を知り，人との関わり合いの中で身につけたい言葉である。

　まずは，言葉の意味を子どもが知ることができるように保育者が生活の中で意識して使う。

③　親しみをもって日常の挨拶に応じる

　日常の挨拶には，朝の「おはようございます」，昼食での「いただきます」，「ごちそうさまでした」の挨拶，帰りの挨拶である「さようなら」といったものがある。個々の挨拶

や，園における集団生活では一斉にみんなで声を合わせて挨拶をする。例えば，朝の登園時に，保育者が笑顔で「おはようございます」と挨拶して，子どもを迎え入れることで，子どもは保育者に受け入れられる感覚や安心感をもつことができる。朝の会での「おはようございます」の挨拶は，保育者やクラスの友だちみんなで交わす挨拶で，クラスの一体感を感じることができ，またクラス活動の始まりの意味ももつ。保育者や友だちと挨拶を交わし，人との触れ合いに心地よさを感じることができる。まずは，保育者から，一人ひとりの子どもの状態を把握しながら挨拶をし，クラスにおいては温かいクラスの雰囲気をつくり，全体を見ながら一人ひとりの子どもを受け止めていく中で，子どもからの挨拶の言葉が生まれる。

④　絵本や紙芝居を楽しみ，簡単な言葉を繰り返したり，模倣をしたりして遊ぶ

　子どもは，絵本や紙芝居を楽しむ中で言葉を知り，語彙を増やしていく。保育者が，子どもと一緒に絵本を読むことで，子どもは絵本に出てくる言葉に触れることができる。1〜2歳であれば，絵本を持って「よんで」と保育者に自分から言いにくる姿もみられるようになる。保育者が，様々な絵本を子どもに読むことで，子どもは好きな絵本に出会うことができる。また，絵本からイメージを広げ，遊びにつながることもある。例えば，『三びきのこぶた』(瀬田貞二 訳・山田三郎 画，福音館書店．1967)を繰り返し読んでいると，子どもは，こぶたやオオカミになったつもりになる。オオカミを家に入れることを嫌がるこぶたになり，「ダメダメダメ〜」と表現したり，家を吹き飛ばそうとするオオカミになって，「ふうふうふう〜」と表現したりする。絵本の登場人物になり，絵本の中に出てくる言葉を真似して表現することを楽しむ中で，言葉は自然に育まれていく。

⑤　保育士とごっこ遊びをする中で，言葉のやり取りを楽しむ

　ある事物や事象を別の媒体によって表現することができる象徴機能の発達により，子どもはイメージして遊ぶことができるようになる。例えば，積み木を電車に見立てて遊んだり(図6-2)，オモチャの受話器を持って母親とそっくりの口調でお喋りして，お母さんになったつもりで遊んだりする姿がみられる。これは，子どもの中に，「電車」や「お母さん」のイメージが存在するため，その場に実物がなくてもモノに見立てたり，なりきったりして遊ぶことができるのである。

図6-2　積み木を電車に見立てる子ども

　ごっこ遊びの中で，保育者が，子どものイメージに合わせて言葉を交わすことで，言葉のやり取りが生まれる。例えば，次の事例6-1は，砂場で子どもがお皿に砂を平たく盛り，さらに，その上に緑色の葉っぱを載せて，2枚から3枚のお皿を並べている場面である。

　保育者は子どものイメージする世界を知るために，子どもに尋ねてみる。そして保育者が「いただきます」の挨拶や「ムシャムシャムシャ」といったオノマトペを使うことに

事例6-1 〔2歳10か月　女児A　おこのみやき　6月〕

保育者：「それは何ですか？」
子ども：「おこのみやき」
保育者：「おいしそうですね〜」
子ども：黙々とお皿に盛って，作っている。
保育者：「お好み焼き，食べたいな〜。一つ頂戴」
子ども：保育者を見て，「どうぞ」とお皿にのったお好み焼きを渡す。
保育者：「わ〜おいしそう。いただきまーす」「ムシャムシャムシャ（食べる音）」
　　　　「あ〜おいしかった。ごちそうさまでした」

よって，子どもは様々な言葉の表現を知ることができる。

⑥　保育士等を仲立ちとして，生活や遊びの中で友だちとの言葉のやり取りを楽しむ

　この時期の子どもは保育者との信頼関係をもとにして，次第に友だちとの関わりを広げていく。保育者が仲立ちとなることで，子ども同士の言葉のやり取りにつながる。例えば，男児Aと保育者が，一列になって紐を持ち，電車ごっこをして遊んでいる。「カタンコトン」と電車の音を真似しながら遊ぶ中，周りで見ている男児Bのところに行き，「(男児B)くんも乗りますよー」と保育者が誘い，男児Aと男児Bと保育者で3人の列車になって，一緒に「カタンコトン」と言いながら遊ぶ。さらに，周りで見ている男児Cを保育者が誘うと，男児Cは，「くるま！」と言う。保育者は，「車がいいんですね」「みなさーん，今度は車になりますよ〜」と言い，「ブッブー」と言うと，子どもたちが一緒になって，「ブッブー」と言う。楽しそうに遊ぶ友だちの姿を周りの子どもは見ており，「○○くんも乗りますよー」という保育者の仲立ちがあって，友だちが次々に電車（車）ごっこに参加する姿がみられる。ここでは，男児Cがイメージする「車」という言葉を保育者が受け止め，電車から車へ，「カタンコトン」から「ブッブー」の言葉へと変えている。保育者が，一人ひとりの子どものイメージを大切にして仲立ちすることで，子どもはイメージから生まれる様々な言葉を楽しむことができる。

⑦　保育士等や友だちの言葉や話に興味や関心をもって，聞いたり，話したりする

　子どもが，保育者や友だちに自分を受け止めてもらえるという感覚をもてるように，保育者は一人ひとりの子どもの存在を大事にして，温かい雰囲気の中で保育者が仲立ちとなって友だち同士が関わり合えるクラスをつくる。例えば，毎日の朝の会では，保育者が子どもの名前を一人ずつ呼び，子どもは「はい」と返事をする。休みの友だちについても，「○○ちゃんがお休みです」と，名前を伝える。このような朝の会の繰り返しによって，子どもはクラスの友だちの名前を知り，友だちの存在を感じることができる。一緒に過ごす保育者や友だちに安心でき，クラスは居心地のよい場となることが必要である。そして，生活や遊びの中で保育者や友だちとの信頼関係を築くことで，子どもは自分を出して話すことができ，相手の言葉や話を聞くようになる。

4. 内容の取扱い

「内容の取扱い」には，次の3項目が記載されている。

① 身近な人に親しみをもって接し，自分の感情などを伝え，それに相手が応答し，その言葉を聞くことを通して，次第に言葉が獲得されていくものであることを考慮して，楽しい雰囲気の中で保育士等との言葉のやり取りができるようにすること。

② 子どもが自分の思いを言葉で伝えると共に，他の子どもの話などを聞くことを通して，次第に話を理解し，言葉による伝え合いができるようになるよう，気持ちや経験等の言語化を行うことを援助するなど，子ども同士の関わりの仲立ちを行うようにすること。

③ この時期は，片言から，二語文，ごっこ遊びでのやり取りができる程度へと，大きく言葉の習得が進む時期であることから，それぞれの子どもの発達の状況に応じて，遊びや関わりの工夫など，保育の内容を適切に展開することが必要であること。

子どもは1歳頃から，言葉を話せるようになり，自分の気持ちを表現できるようになるが，一語文や二語文で正確に自分の気持ちを相手に伝えることは難しい。保育者が，子どもの気持ちを汲み取り，気持ちを代弁したり，共感して応答したりすることで，子どもは，自分の気持ちをわかってもらえた心地よい感覚をもつ。保育者と心が通じ合い，言葉のやり取りを楽しむ中で言葉は育まれていく。

言葉が育まれていくうえで，友だちとのやり取りも必要である。子どもが自分の思いを言葉で表現できないときは，保育者が子どもの気持ちを言語化することで，思いと言葉が一致する経験をもつことができる。同様に，保育者の援助によって，言語化された友だちの思いを知り，個々の友だちの思いに気づくことができる。こうして，子どもが互いの思いを言葉で伝え合う関わり合いの中で，言葉は育まれていく。

保育者は，言葉の背景にある子どもの思いを汲み取り，言葉の発達に応じて，応答的に子どもに関わる。子どもが，ごっこ遊びを楽しむようになれば，保育者は，子どものイメージの世界に入って関わる。また，この時期は，子どもが言葉に親しみ，伝えようとする姿を保育者は受け止めていく。子どもは，構音器官（舌や上あご，唇など）が未熟で，言葉を獲得する過程において誤った発音をすることがある。これを「幼児音」という。例えば，「サカナ」のことを「シャカナ」，「ライオン」のことを「ダイオン」，「アリガトウ」のことを「アガトウ」などと発音する（岡部, 1980）。このような子どもの言い違いに対しては，正しい言葉で話すように指摘するのではなく，子どもの話そうとする気持ちを十分受け止める必要がある。子どもの「オシャカナ」に対しては，「そうだね。オサカナだね」と正しい言葉を応答的に伝えていくことで，子どもは正しい言葉を知り，次第に正しい言葉を話すようになるのである。

> 保育者や友だちと関わりの中で，言葉は育まれる。保育者の応答的な言葉による関わりや子どもの話そうとする意欲を受け止める関わりが大事である。

7章　幼児期(3歳以上児)のことばの発達

SECTION 1　3〜5歳児のことばの発達過程

Study Points　3歳頃から，いわゆる会話らしい会話が成立するようになる。また，ことばによる説明やすじみちを立てた論理的な表現，「今，ここ」を離れ，さらに世界が広がるような表現や文字への興味・関心がみられるようにもなる。こうしたことばの発達のすじみちを学ぼう。

1.　幼児期(3歳以上児)におけることばの広がり

(1)　会話で使う語彙の広がり

　　幼児が3歳頃になると会話らしいやりとりがみられるようになる。3歳以上児が使用する語彙数は，一般的に3歳頃で1,000語，5歳頃で2,000語になり，2歳頃の300語と比べて多くの語彙が使用されるようになるが，発達の個人差に十分に留意して関わることが重要である(野口，2018)。このように子どもが使用する語彙の増加により，会話の内容も2歳頃までと比べて広がると考えられる。

　　幼児期の語彙の獲得について，相互排他性(一つの事物には一つの名称のみがあてはまるとすること)を元にした語彙の意味の解釈が，3歳児と4歳児で大きく異なることが示唆されている(針生・大村・原，1994)。3歳児は相互排他性の原理に基づき，語彙が用いられる文脈を考慮せずにその語彙の意味を解釈している。一方，4歳児は一つの事物には一つの名称ということにこだわりつつも，文脈も考慮して，語彙の意味の解釈と一致させようと試みているという。このようなプロセスを経て，幼児は一つの事物には文脈によって複数の名称がある場合もあることを認めるようになる。

図7-1　3歳以上児における語彙獲得プロセスの変化

　　また3歳以上児と関わっていると，子どもの発話内容に「なんで」，「どうして」といったことばが多く出てくることにも気づく。日常生活の様々なことに対して，興味関心が広がってきているのである。こうした疑問詞を含む質問文については，例えば「なに」について2歳前半頃に獲得後，3歳から5歳頃にかけて質問文を正確に理解できたり応答できたりするようになる(大伴，2011)。日常生活における会話において，子どもが疑問を尋ねたり，逆に尋ねることに答えたりする経験を通して，さらに物事の理解が深まり新たな語彙の理解につながると考えられる。こうした点からも，子どもが日常生活の中で人と関わり合いながら育つことは重要である。

（2）　語るスキルの上達

　　3歳以上児において，会話で使用できる語彙の数が増えることのみならず，会話で語るスキルにも変化がみられる。大伴（2011）によると，接続助詞や接続詞の習得と共に，4歳頃以降に複数の文をつなげて一つのまとまった話を表現する語り（narrative）のスキルも上達する。例えば，4歳頃以降ではルールを言語化することもできるようになるが，相手にとって理解しやすい説明ができるようになるのは，就学以後となる子どももいる。

　　また「が」や「を」といった助詞を手掛かりにして，例えば「私を弟がみる」のような主語が後に置かれる文を正確に理解できるようになるのは，5歳頃以降である。それまでは語順を元に理解するため，先ほどの例であれば，「私」を主語とみなし，「私が弟をみる」という逆の意味に理解することが多いという。5歳頃以降も文を理解する正確さは増していくが，こうしたことは，文法的スキルだけでなく，注意力や聴覚的短期記憶も重要である（大伴, 2011）。つまり語るスキルの上達というのは，言語面における文法的スキルだけではなく，認知面におけるスキルもまた関連すると考えられる。

　　また，語りたいという内容があることが，語るスキルの上達にとって重要である。そのため，子どもが日常生活の中で様々な感情を抱くような経験をすることが望まれる。そして，語りたい相手がいることの重要性も忘れてはならない。子どもは，語りたい相手がいるから一生懸命に語ろうとすることも多いと考えられる。そう考えると，園においては，子どもが伝えようとすることに対して，保育者がしっかり耳を傾けて受け止めることがいかに重要であるかがわかる。

（3）　語る内容の深まり：いざこざや葛藤を通して

　　園における3歳児の仲間関係の形成過程として，園での観察調査より下記のプロセスが見いだされている（松丸・吉川, 2009）。

　①　保育者との関わりで気持ちを安定させる。
　②　友だちに関心をもち，友だちの様子を知る。
　③　気の合う友だちと相互の関わりをもつ。
　④　友だちとの関わりの中で葛藤場面を経験する。

　　このようなプロセスを経て，子どもは，友だちとのいざこざや葛藤の経験をすることがそれまでに比べて多くなることが考えられる。こうした経験は子どもにとって，自分の気持ちや考えが友だちとは違うことがあるということを知るきっかけにもなる。

　　また園での友だちとのいざこざの際に，相手へのことばによる伝達を保護者から促されることで，ことばによる相手への主張が次第にできるようになることが示唆されている（広瀬・福元・柴山, 2018）。はじめは不快な気持ちに情緒が安定しないことがあるかもしれない。しかし，日常生活の中でこうした経験を積み重ねることで，次第に他者を理解できるようになり，ことばでの伝え合いにおいても，他者を配慮したことばがみられるようになるなど，語る内容が深まる。

2. 幼児期（3歳以上児）におけることばの音や文字への興味や関心

（1） 読み書きの芽生え

　　幼児期には聞くこと話すことに加えて，読むこと書くことの芽生えがみられる。子どもは絵本を見て文字が読めるかのように眺めたり，文字を書くように描いたりして遊ぶ時期がある。このような読み書きに関する発達的な芽生えとなるスキルや知識，態度を萌芽的リテラシー（Emergent Literacy）といい，これはリテラシー獲得に関する幼児期からの発達の連続性を概念化したものである（Whitehurst & Lonigan, 1998）。

　　図7-2は，お絵かきをして遊んでいるときに描いた数字である。2.3.5.8のようなものがみられる。このように，遊びの中で文字や数字を自分なりに表現することや目に触れることで文字や数字に対する興味・関心が深まる。

図7-2　3歳7か月女児が描いた数字ほか

（2） ことばの音の操作：音韻意識

　　音韻意識とは，ある語を構成している音の要素を同定し，語の意味から離れて意図的にそれらを操作できることをいう（Gombert, 1992）。日本語の音韻意識と読む力には関係がある（Inagaki, Hatano, & Otake, 2000；垣花・安藤・小山・飯高・菅原，2009）。幼児期では話しことば中心の日常生活を大切にしながら，生活や遊びを通して文字への興味関心を育んだり，ことばの音に親しむ経験をしたりするとよい。

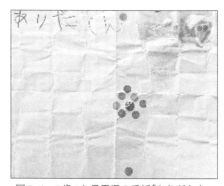

　　図7-3は，5歳4か月男児が伯母に宛てた手紙である。カラフルなシールが貼られた手紙を小さく折りたたんで，伯母に手渡していた。この手紙の上方に「ありだとん」と書かれている。きっと「ありがとう」と書こうとしたものと考えられる。この男児は，3歳時点でひらがな50音，すべてを1文字ずつ読めていた。よって，ひらがな1音と1文字の対応は理解していたはずであるが「ありがとう」のように日常生活の

図7-3　5歳4か月男児の手紙「ありだとん」

中で音を連ねて聞くような場合には，まだ音と文字の対応が難しかったのかもしれない。とはいえ，男児の気持ちのこもったあたたかい手紙になっている。この手紙から，また周囲の大人とのコミュニケーションが始まり，男児は文字への興味関心や文字で気持ちを伝えることのおもしろさを感じていたようだった。このように遊びの中で手紙のやり取りを楽しむことも，音と文字がどのように結びつくのかというルールの理解につながる。

（3） 萌芽的リテラシーの発達と言語環境との関連

　　子どもの萌芽的リテラシーは，家庭や園などの言語環境によって形成される（Farran *et*

al., 2006; Sylva, Chan, Melhuish, Sammons, Siraj-Blatchford, & Taggart, 2011)。家庭の言語環境には，例えば，養育者が使うことば，テレビやラジオなどのメディアから流れることば，絵本や本・新聞に書かれた文字がある。園の言語環境には，文字や単語などが書かれた環境，絵本や本，子どもと共に読む大人の存在，ことばの音，描くこと，記号をつくることがあり，聴くことや話すことも含む (Sylva *et al.*, 2011)。

例えば，園の言語環境には人的環境と物的環境がある。人的環境には，読み聞かせる保育者や一緒に読み合う他児の存在があり，保育者から物語を聞いたりすることは，多様な語彙に触れる機会になり，子どもの語彙の発達によい影響を及ぼす (Penno, Wilkinson, & Moore, 2002)。また，絵本を読むことにより，例えば，「あ」という音とひらがなの「あ」の文字の結びつきに興味をもったり，実際に耳と目で確認したりする経験になる。

物的環境には，絵本そのものや絵本を配置する棚，テーブルや椅子などがあり，そのような環境は子どもの読む行為に影響する。例えば，年長児は，机，棚回りや床よりもカーペットやテーブルで絵本を長く読んでおり，くつろげる空間は重要である (山田, 2012)。また，子どもが手に取った絵本は表紙が見えるように置かれているものが多く，子どもの絵本の読み方と家具配置や表紙の見え方に関係がある。

このように，人的環境も物的環境もことばの発達に影響があるため，よく考えて構成する必要がある。

(4) 萌芽的リテラシー活動への興味・関心

子どもの萌芽的リテラシーにおいて，萌芽的リテラシー活動への興味・関心もまた重要な要素である。日本では1970年代前後から実践報告により，園での保育者や友だちとの遊びの中で文字への興味・関心が育つことが示唆されてきた (村石, 1970 ; 多田, 1969)。現在では，萌芽的リテラシー活動への興味・関心は，萌芽的リテラシー環境と萌芽的リテラシー能力との関係性をつなぐことが明らかになっており (Baroody & Diamond, 2016)，さらに家庭と園双方の萌芽的リテラシー活動への興味・関心を検討した先行研究より，萌芽的リテラシー活動への興味・関心は，学びにおける動機づけとなり，就学後の学習に結びつくことが示唆されている (Baroody & Diamond, 2013)。

このように萌芽的リテラシー活動への興味・関心が，萌芽的リテラシー能力の発達を促すという点で重要であることが先行研究より見いだされている。こうしたことを踏まえると，保育・幼児教育において子どもの興味・関心を育てることが，ひいてはことばの発達につながることがよくわかるだろう。その際には直接的な援助に加えて，環境を通して興味・関心を育めるように間接的な援助をすることも重要である。

> 3〜5歳児のことばの発達において，会話で使う語彙が広がり，語るスキルも上達し，語る内容に他者を配慮したものがみられるなどの深まりをみせる。また，読み書きの芽生えがみられる時期であり，豊かな言語環境があることが望ましい。

SECTION 2　一次的ことばと二次的ことば

Study Points　3歳以上児のことばの発達における重要事項の一つに，「一次的ことば」と「二次的ことば」がある。子どもは将来的に，これらのことばをどちらか一方でなく，双方を使えるようになっていく。「一次的ことば」と「二次的ことば」は，それぞれどのような特徴があるのかについて学ぼう。

1.　一次的ことばとは

　子どもにおいて，ことばは生活経験と関連しながら発達する(岡本，1982)。岡本（1985）は，幼児期から児童期におけることばの発達のモデルを提言した。そのモデルによると，子どもは生活の中でことばを自己のことばとして使い，4歳になる前頃に日常生活での使用が安定する。このようにコミュニケーションの領域が著しく広く深くなる。

　一次的ことばとは，生活の具体的な事象や事物について，その状況がどのような流れで起きているのかという文脈に頼りつつ，親しい人との直接的な会話として展開することばで「話しことば」を用いる(岡本，1985)。

　図7-4は，叔母に見守られながら，いとこ同士で遊ぶ子どもたちの姿である。例えば，この状況で，幼児は親しい人びととの直接的なやりとりを通して一次的ことばを使っている。

図7-4　叔母に見守られながら遊ぶ(左から) 4歳男児，2歳女児，6歳女児

2.　二次的ことばとは

　子どもは，就学後に日常生活場面だけでなく，学校生活場面，特に授業のような組織化された場面が加わり，一次的ことばとは，質の異なる新たな用法が必要となる(岡本，1985)。二次的ことばとは，起こることや事物が存在することといった今，目の前にある現実場面を離れて，不特定多数の者へ一方向的に伝達する際に使うことばのことである。

　ただし二次的ことばを獲得すると，一次的ことばを使用しなくなるというわけではない。一次的ことばはさらに発展する。そして，一次的ことばと二次的ことばは，互いに影響し合いながら，共に存在する。また二次的ことばは，「話しことば」に「書きことば」が加わることが特徴的である。つまり，コミュニケーションの手段として音声だけでなく文字が用いられる。

　一次的ことばは，「話しことば」を用いながら親しい人びととのやり取りの中で使われる。
　一方，二次的ことばは，「書き言葉」も加わり不特定多数に対する伝達に使われる。二次的ことばの獲得後も，一次的ことばは，さらに発展する。

SECTION 3　科学的なものの見方と考え方につながることば

Study Points　3歳頃より，ことばによる質疑応答のようなやり取りや，自分なりの説明やすじの通った表現がみられるようになると共に，知的好奇心や科学的なものの見方や考え方につながり始める。科学的なものの見方と考え方につながることばとは，どのようなものなのかを学ぼう。

岡本（1985）によると，幼児は自己の生活経験に基づいて，周囲のものの見方や考え方を学ぶ。こうしたものの見方や考え方である生活的概念を述べるには，一次的ことばのように，現実生活の中で具体的な事象や事物についてその状況で流れている文脈を使う。その際には，外言という自己の外部にいる他者との対話，つまり外部にことばを表出して，声に出して考ることになる。こうした外言で他者とやり取りすることで，幼児は思考そのものをしたり，考えを深めたりする。

その後，就学を機に小学校以降の学校教育において，公共性や客観性のある科学的なものの見方と考え方を学ぶことになる。こうした考え方である科学的概念を学ぶ前提として，二次的ことばが必要となる。現実場面を離れて性質を述べること，教科書などを読んで理解することがあるためである。

ただし，生活的概念から科学的概念に単に移行するのではなく，科学的概念の基盤として生活的概念をもつということが重要である。一次的ことばと二次的ことばの関係性と同様に，生活的概念と科学的概念もまた双方が共に重なり合って存在するといった関係性なのである。

図7-5は，作り物の山に小さなボールを転がそうと試行錯誤する5歳9か月男児である。じっと無言で遊び，ときおり何かを考えているようである。まさに内なる自分と対話しながら考えているようである。このような自分の中に存在する話相手と声に出さず心の中でやり取りすることを内言という（岡本，1985）。幼児期後半には，外言だけでなく内言を使って物事を考える姿がみられる。こうした内言を使って自分の考えを広めたり深めたりして，自分なりの理屈をつくっていくことが将来的に科学的なものの見方と考え方につながるのである。

図7-5　小さなボールを見つめて考える

3歳頃より外言を用いて他者とやり取りして思考を深めるが，次第に外言に加えて内言も使って思考する姿が日常生活の中でみられるようになる。こうしたことばの使用により，科学的な考え方やものの見方につながる。

8章　幼児期保育における領域「言葉」の援助
（ねらい・内容・内容の取扱い）

SECTION 1　『保育所保育指針』における3歳以上児の基本事項

Study Points　『保健所保育指針』における3歳以上児の保育を行ううえでの基本的な考え方や留意点について，発達特性を踏まえながら学ぼう。

1.　3歳以上児の保育の基本

〈基本的事項〉

ア　この時期においては，運動機能の発達により，基本的な動作が一通りできるようになると共に，基本的な生活習慣も，ほぼ自立できるようになる。<u>理解する語彙数が急激に増加し，知的興味や関心も高まってくる。仲間と遊び，仲間の中の一人という自覚が生じ，集団的な遊びや協同的な活動も見られるようになる。</u>これらの発達の特徴を踏まえて，この時期の保育においては，個の成長と集団としての活動の充実が図られるようにしなければならない。

イ　本項においては，この時期の発達の特徴を踏まえ，保育の「ねらい」及び「内容」について，心身の健康に関する領域「健康」，人との関わりに関する領域「人間関係」，身近な環境との関わりに関する領域「環境」，言葉の獲得に関する領域「言葉」及び感性と表現に関する領域「表現」としてまとめ，示している。

ウ　本項の各領域において示す保育の内容は，第1章の2に示された養護における<u>「生命の保持」及び「情緒の安定」に関わる保育の内容と，一体となって展開されるものであることに留意が必要である。</u>

（下線は筆者加筆）

＊　　＊　　＊　　＊　　＊

保育所は，子ども達が安心して遊び，十分な愛情を受けて成長できる場所であるべきであり，子どもたちの健全な心身の発達を図るために，年齢等の発達に即した適切な環境を提供する必要がある。

幼児期においては，子どもが仲間の一人として自覚し，様々な経験を積み重ねられるよう，仲間同士で育ち合える環境つくりを意識した保育を行うことが大切である。

例えば，一つの目標に向けて仲間と話し合い，互いに意見を取り入れながら協力することで，自分の意見を言葉で伝えることや，意見の食い違いがあった際に，話し合いによって折り合いをつけて遊びを進めることを経験させるなど，言葉を使って人と関わる力を育む環境づくりが大切である。

子どもたちの健全な心身の発達を図るために，年齢別の発達に即した適切な環境を提供することが必要である。この時期の保育においては，個の成長と集団としての活動の充実が図られるようにすることが大切である。

SECTION 2 領域「言葉」における保育内容及び援助

Study Points 『幼稚園教育要領』,『保育所保育指針』,『幼保連携型認定こども園教育・保育要領』では,施設の制度上の相違などにより多少の文言の違いはあるものの,3歳以上児の5領域のねらい及び内容,内容の取扱いは共通している。このSECTIONでは,『幼稚園教育要領』に基づいて確認していこう。

1. 保育の内容

　『幼稚園教育要領』の第2章「ねらい及び内容」の「言葉の獲得に関する領域　言葉」では,「経験したことや考えたことなどを自分なりの言葉で表現し,相手の話す言葉を聞こうとする意欲や態度を育て,言葉に対する感覚や言葉で表現する力を養う」ことを目指している。

　3歳以上児のねらいは3項目,内容は10項目で示されている。ねらいは,「幼稚園教育において(保育を通じて)育みたい資質・能力を幼児の生活する姿から捉えたもの」,内容は,「ねらいを達成するために,教師が幼児の発達の実情を踏まえながら指導し,幼児が身につけていくことが望まれるもの」が記載されている。「ねらい及び内容」について,このSECTIONでは,「実際の保育場面での対応」を想定し,確認していく。

2. ねらい

（1）　自分の気持ちを言葉で表現する楽しさを味わう

　幼児期の子どもは,言葉を獲得している過程にあるため,自分が言いたいことをうまく言葉にできるとは限らない。もどかしさを感じながらも自分なりの言葉で表現しようとする思いを,保育者は温かく受け止めることが大切である。また,保育者の子どもに対する思いを込めた問いかけは,子どもが,自分の気持ちを整理し,言葉で表す力を育てることに繋がる。

（2）人の言葉や話などをよく聞き,自分の経験したことや考えたことを話し,伝え合う喜びを味わう

　友だちや保育者などの話を聞くことなどを通して,言葉を使って表現する意欲や,相手の言葉を聞こうとする態度を育てることが大切である。そのためには,子どもが言葉で伝えたくなるような体験の場を提供し,子ども達が話す,聞くといった活動を十分に行えるよう支援する必要がある。

（3）　日常生活に必要な言葉がわかるようになるとともに,絵本や物語などに親しみ,言葉に対する感覚を豊かにし,先生や友だちと心を通わせる

　子どもにとって,絵本や物語などの児童文化財に触れることは,想像力や言葉を育くむために大切なことである。保育者は,子どもの発達段階や興味・関心に応じた適切な題材を選ぶ必要がある。

3. 内　容

（1）　先生や友だちの言葉や話に興味や関心をもち，親しみをもって聞いたり，話したりする
　　　「親しみをもって」聞いたり，話したりするには，保育者や友だちとの信頼関係がな
ければかなわない。そのためには，安心できる環境で，保育者や友だちと充分に遊ぶ場
面を提供する必要がある。
　　　また，聞けるようになるには，「聞いてもらう」経験を積み重ねることが大切である。
自分の思ったことや感じたことを保育者が受け止め，応答的な関わりを通して，次第に
相手の発する言葉や話も聞けるようになるのである。

（2）　したり，見たり，聞いたり，感じたり，考えたりなどしたことを自分なりに言葉で表
　　　現する
　　　子どもが，感じたことや考えたことを自分の言葉で話す機会を提供することが大切で
ある。例えば，朝の集まりや帰りの集まりなどで皆の前で意見を述べる機会を設けたり，
小さなグループ，あるいはクラス全体で話し合いの場をつくったりするなども大切である。
　　　また，子どもは「どのようなことを言っても受け止めてくれる」と思えなければ表現
しない場合もある。
　　　保育者は子どもが表現しやすいように援助することが大切である。
　　　例えば，子どもが自分の思ったように言葉で表現できない場合は，保育者がそれを代
弁したり，補ったりすることも必要である。

（3）　したいこと，してほしいことを言葉で表現したり，わからないことを尋ねたりする
　　　園ではたくさんの子どもが同時に同じ空間で遊んでいる。例えば，同じ物で遊びたく
なり，交渉が必要になった場合，自分の思いを言葉で相手に伝えることが必要であるが，
発達段階によっては，上手く伝えられない場合もある。その結果，手が出てしまったり，
許可を得ず勝手に奪ったりするなどのトラブルが起きることがある。
　　　子どもが自分の気持ちを言葉で話せるようになるために，保育者が子どもの思いを十
分に受け止め，そのうえで一緒に言葉での表現方法を考えることを積み重ねていくこと
が大切である。
　　　例えば，嬉しい，楽しい，つまらない，こわい，びっくりした，困った，悲しい，わ
からない，うらやましい，甘えたい，不安だな，心配だな，などの感情を言語化し，一
緒に使っていくことで感情を収めることができる場合も多い。子どもは言葉で感情を表
に出すことによって自分の気持ちを整理することができるのである。
　　　また，子どもが保育者に「わからないことを尋ねたりする」ためには，信頼関係が必
要である。
　　　子どもが安心して要求を口にできるような保育者との信頼関係を築くことが大切であ
る。また，保育者は，子どもの言葉にならない思いや気持ちを表情などから読みとり，

理解し受け止めることも大切である。そのような保育者の態度が，子どもの「話したい」という意欲にもつながっていく。

（4）　人の話を注意して聞き，相手にわかるように話す

園生活では，保育者が複数の子どもに対して一斉に話す場面がある。例えば，朝や帰りの集まりのとき，活動の説明をするとき，絵本を読むとき，話し合いのときなどである。その際，子どもが集中して話を聞けるよう，環境を整える必要がある。例えば，保育者が立つ位置は適切であるか，聞きやすい話し方（スピード，声量）であるかなど，保育者側が工夫することで子どもの集中力は違ってくる。

日々のやり取りの積み重ねによって言葉は磨かれていくのであり，子どもたち同士が，ゆったりとした気持ちでおしゃべりを楽しめる環境（時間・空間）を整えると同時に，状況によっては，保育者が代弁したり，補ったりすることも大切である。話し合いや言葉を使って発表する機会を意識的に設けることは，友だちの表現を聞く機会を増やし，結果として，自身の言葉を獲得することにもつながっていく。

（5）　生活の中で必要な言葉がわかり，使う

生活の中で必要な言葉として，「貸して」，「入れて」，「ちょうだい」，「はんぶんこ」，「ちょっとだけ貸して」，「1回だけ」，「○数えたら交代」，「時計の針が○○になったら」などが挙げられる。これらは自分のしたいことと他の子がしたいことが重なったときに必要な言葉である。

その都度，保育者が丁寧に伝えることで少しずつ身につけていくのである。

（6）　親しみをもって日常の挨拶をする

最初から自ら進んで挨拶ができる子どもは少ない。保育者などが率先して子どもに挨拶をすることで徐々に身につけていくのである。また，保育者や保護者など大人同士が気持ちのよい挨拶を交わしている姿を見せることも大切である。日常の挨拶は，環境に慣れ，緊張が解け，園での様々な人との信頼関係が築ければ，自ずと身についていくものである。

（7）　生活の中で言葉の楽しさや美しさに気づく

幼児期後半になると，「パンとフライパン」などの似た言葉や「雨と飴」，「花と鼻」，「凧と蛸」などの同音異義語，反対言葉やさかさ言葉など自分で気づいたり考えたりした言葉を保育者や友だちと共有する姿が見られるようになる。

また，皆で劇ごっこをしてセリフを楽しんだり，しりとりやなぞなぞ，早口言葉などの言葉遊びを友だちと楽しんだりするようにもなる。子どもの豊かな言葉を育むために，保育者は日常的に，素話をしたり，童謡を皆で歌ったりするなどを意識して，子どもが豊かで美しい言葉に触れる環境を整える必要がある。

（8） いろいろな体験を通じてイメージや言葉を豊かにする

　　人は「心を動かされる体験」をしたときなどは，それを親しい人に伝えたいと思うものである。子どもが自分の気持ちを保育者や友だちに伝えたくなるのは，こうした体験があってこそである。様々な体験の場を設けると共に，それぞれの体験を語る場を設けることも大切である。

（9） 絵本や物語などに親しみ，興味をもって聞き，想像をする楽しさを味わう

　　幼児にとって，大人が読んでくれる絵本の時間は格別なものである。幼児は，想像力を働かせて絵本や物語の世界に没入することができる。絵本や物語の登場人物と自身の心を重ね合わせることで，その登場人物と共に絵本や物語の世界を経験し，想像力など様々な力を身につけていくのである。

　　保育者は，対象の子どもの発達や興味・関心に沿って，良質な絵本や物語に触れる環境を整える必要がある。

（10） 日常生活の中で，文字などで伝える楽しさを味わう

　　幼児が自然な形で文字に触れることが望ましい。例えば，「郵便屋さんごっこ」などを通し，相手に対する思いを表現する一つの手段として「手紙を書く」という体験を子どもが自発的に行えるよう，紙やペン，ポストなど必要な環境を整えておくこともよいだろう。その他，子どもが楽しんで文字に触れることができるよう，かるたなどの教材を準備しておくことも大切である。

4. 内容の取扱い

　　「内容の取扱い」とは，保育者が，幼児の発達を踏まえた指導を行うに当たって留意すべき事項を示したものである。

　　上記の取扱いに当たっては，次の事項に留意する必要がある。

（1） 言葉は，身近な人に親しみをもって接し，自分の感情や意志などを伝え，それに相手が応答し，その言葉を聞くことを通して次第に獲得されていくものであることを考慮して，幼児が教師や他の幼児と関わることにより心を動かされるような体験をし，言葉を交わす喜びを味わえるようにすること。

（2） 幼児が自分の思いを言葉で伝えると共に，教師や他の幼児などの話を興味をもって注意して聞くことを通して次第に話を理解するようになっていき，言葉による伝え合いができるようにすること。

（3） 絵本や物語などで，その内容と自分の経験とを結び付けたり，想像を巡らせたりするなど，楽しみを十分に味わうことによって，次第に豊かなイメージをもち，言葉に対する感覚が養われるようにすること。

（4） 幼児が生活の中で，言葉の響きやリズム，新しい言葉や表現などに触れ，これらを使う楽しさを味わえるようにすること。その際，絵本や物語に親しんだり，言

葉遊びなどをしたりすることを通して，言葉が豊かになるようにすること。
(5)　幼児が日常生活の中で，文字などを使いながら思ったことや考えたことを伝える
　　　喜びや楽しさを味わい，文字に対する興味や関心をもつようにすること。

＊　　　＊　　　＊　　　＊　　　＊

　以上の留意点を，実際の保育場面で実践するためには，以下の点を意識して対応して
いくことが重要である。

（1）　子どもが「心を動かされる体験」ができるような環境づくりを心掛ける

　子どもは，様々な環境から受けた刺激で心を動かし，内面に湧いてくる様々な感情を，
信頼できる相手に対し言葉で伝えようとする。保育者は，子どもが「心を動かされる体
験」，例えば，美しいものや不思議なものに出会うこと，友だちとの関わりの中で共感
したり葛藤したりすること，遊びの中で新しい発見をしたり，アイデアが浮かんだりす
ることなどができるような環境構成を意識することが大切である。

（2）　教材を選ぶ力を身につける

　絵本や物語に触れることは，子どもにとって，響きやリズムなども含め，言葉のおも
しろさを感じたり，新しい言葉を楽しんで学んだりするきっかけになる。結果として想
像力が育くまれ，言葉を使った表現力を身につけることにもつながっていく。保育者は
日頃から，できるだけたくさんの児童文化財に触れ，子どもの発達段階や興味関心など
に応じた良質な題材を提供できるよう努めることが大切である。

（3）　子どもの発達段階や個人差を考慮して関わる

　幼児期後期は，日常の様々な体験を通して，文字を読みたい，書きたいという気持ち
が高まっていく。しかし，この時期は個人差も大きいため，保育者は，それぞれの子ど
もの発達段階を十分に考慮し関わっていくことが大切である。絵本やかるたなどの題材
の準備はもちろん，郵便ポストやひらがな表を用意するなど，子どもの意欲を後押しし，
日々の生活や遊びの中で，文字を使って自身の思いや考えを表現することを楽しめるよ
うな環境構成を意識するなど，子どもが自ら文字に興味をもてるよう導いていくことが
望ましい。

> 　子どもの言葉を育むには，まずは，人との信頼関係が土台となる。保育者は子どもに応答的に
> 関わり，子どもの思いをしっかりと受け止める姿勢が重要である。そのうえで，子どもが「心を動
> かされる体験」をすることで，感じたことや考えたことを相手に伝えたいという思いが湧いてくる
> ことが大切である。保育者は，子どもが様々な体験ができるよう，また，子どもが自然な形で自
> ら言葉や文字に興味をもてるように，子どもの発達段階，および興味や関心に応じた教材を配置
> するなど，環境を工夫する必要がある。

9章　書き言葉の発達と小学校「国語」

SECTION 1　書き言葉獲得のプロセス

Study Points　子どもたちは，どのように文字に親しむのか。保育活動の中で，子どもたちが文字に気づく場面を探してみよう。また，文字という観点から，子どもを取り巻く環境を見直してみよう。

1. 保育活動と文字

　絵本の読み聞かせは，子どもたちが文字に気づく機会である。表紙には大きく題名が書かれている。中身についても，子どもたちは保育者が文字を読んでいることにそれとなく気づく。歌うときの歌の題や歌詞も同様で，子どもたちは文字を見ている。お正月などにする「かるた」や「すごろく」も，書かれた文字をたよりに展開される。

　子ども自らが「文字を書く」点では，多くの園の，特に年長クラスで「お手紙ごっこ」（図9-1）が展開される。この体験は，文字というものが「今ここ，目の前にいない相手に伝える」力をもつ，つまり「異なる時間・異なる空間の相手に届く」ことを子どもに知らせる。例えば，七夕の短冊に願い事を書く場面でも，家族や保育者に助けられて，子どもは文字を書く（図9-2）。短冊は願い事を天に伝える手紙ともいえる。「母の日」，「父の日」，「敬老の日」などのカードづくりの場面でも，そのとき，その場にいない相手に届ける目的で文字を書く。

　文字を書くためには，音（声）をひらがなに置き換える力が必要である。例えば，「かい」は，話す段階では「かい」という音のまとまりとして聞くが，書く段階では，「かい」が「か」と「い」という二つの音で成り立つことを理解しなければならない。「猛獣狩りに行こうよ」のゲームで「らいおん」と聞いた子どもたちが指折り「ら」，「い」，「お」，「ん」の4つの音で成り立つことを理解し，4人で集まって座る活動も，この音節分解と関わっている。「かい」が逆立ちすると「いか」になるなどの「さかさ言葉」も音節分解の理解による。音節分解後，一つの音を取り出すことを音韻抽出と言うが，「『すいか』の『か』，『か』で始まるもの，なあに？」という「しりとり遊び」も，文字の獲得につながる。

図9-1　子どもの手紙
「このあいだおてがみありがとう。（お手紙の絵）どんぐりひろいおしてからこいのいけであそぼうね。（どんぐりの絵，鯉の絵）」
仁愛女子短期大学附属幼稚園の保育実践
（2017年度）

図9-2　七夕の短冊
「なつやすみにななせちゃんとあそびたい」，「さかあがりができるようになりたい」
仁愛女子短期大学附属幼稚の実践
（2023年度）

2. 子どもをめぐる環境と文字

（1）家庭の環境

　子どもと（しりとり，だじゃれなどの）ことば遊びをする母親は91.4%，読み聞かせをする母親は71.9%，あいうえおボードなど知育玩具で学習する遊びをする母親は61.8%という調査もあるが（Benesse. 2015），子どもたちは文字を，親から教え込まれるというより，看板，お菓子などのパッケージ，テレビなどの生活環境を通して，自然と覚えていく。子どもにとっての「生活環境」には家族の習慣も含まれ，特に母親の読み書きの習慣が，子どもの文字に関する興味を高め，その読み書きの力を向上させる（三神. 2003）。

（2）園の環境

　幼稚園などの集団生活では，自分の場所や持ち物を他と区別する必要性が生じる。下駄箱にはイラストと共に氏名が書かれている。また，保育室出入り口には，「ゆりぐみ」の文字と共に「ゆり」のイラストを描いたプレートがある。絵画などの作品にも，ひらがなの氏名がついている。年長になると，絵画の裏に，自身で氏名を書くこともある。
　遊びの過程で，文字の必要性や便利さに気づく場合もある。例えば，制作した車を走らせて競争するとき，「スタート」，「ゴール」の位置を決める場合など，仲間と共通認識を図るために自然と文字を必要とする。また，お買い物ごっこで，緑の色水をメロンジュースとして売るとしよう。これがキウイジュースでも青汁でもないことをお客に示すには，絶えず「メロンジュース」と掛け声をかけるか，看板を立てるかである。たとえ自分がいなくても，看板の絵や文字は，その場で伝え続ける。値段はどうだろう。一杯100円で売るとしよう。文字なしだと，お客がくるごとに「一杯100円」と伝えなければならないが，文字があれば，自分がその場を離れても，文字が伝え続ける。

図9-3　保育室（年長クラス）の文字(1)
仁愛女子短期大学附属幼稚園（2023年度）

図9-4　保育室（年長クラス）の文字(2)
仁愛女子短期大学附属幼稚園（2023年度）

　幼児教育の段階で，子どもたちは，園の保育活動や環境，家庭の環境を通して，文字に親しみ，文字の便利さに気づいていく。

SECTION 2　幼保・小の円滑な接続のために

Study Points　子どもは，保育活動や環境を通して文字に親しむ幼児教育を経て，小学校に入ると，鉛筆の持ち方やひらがなの筆順などを教わる。
　幼児教育と小学校教育の接続を文字という面から捉え直してみよう。

1.　小学校教育との接続

　子どもの自主性を重んじ，環境や遊びを通して子どもの育ちを支える幼児教育においては，子どもの気持ちを尊重し，「遊び」を通して文字に興味関心をもつように配慮している。そのため，文字に対する興味・関心に個人差があるのも当然のことである。

　筆者は「書くこと」に関する幼児教育と小学校教育の接続に関心をもち，福井県内の保育者，および小学校の第1学年の担任に，ひらがなについての質問紙を依頼した (前田，2015)。

　保育者の回答によると，文字に興味をもつ子どもは，園の活動に関係なく，自分から進んで文字を書いているという。中には，鉛筆の持ち方や筆順に誤りがある子どももみられる。そのため，「幼稚園・保育園で『ひらがなについてはここまで』という統一された目安があると取り組みやすい」という小学校との連携を図る意見や「鉛筆の持ち方，筆順などについて，家庭に協力を求める」という家庭との連携を図る意見も寄せられていた。一方で，小学校教員の回答には，鉛筆の持ち方や筆順の正しさについて，就学後に一人ひとり直すことは難しいことを指摘する声が挙げられていた。また，入学時の子どもの文字能力については，「ほとんどのひらがなが書ける」という回答がある一方で「自分の名前が書けない子も少なくない」，「筆圧が極端に弱い子がいる」とばらつきがあった。

　このよう実態を踏まえたうえで，幼児教育における文字教育の意義を小学校教育へと円滑につなげ，一人ひとりの子どもの発達の連続性を実現するための双方の連携強化が期待される。

2.　幼児の読み書き

　三神は，1967年の国立国語研究所の調査と1988年，2005年の自身の調査を経年比較し，1988年の4歳児の「読み」は20年前の5歳児と，ほぼ同じ正答率で，さらに2005年は高い正答率であること，「書き」も同様に向上したことを指摘している (三神，2008)。

　● **5歳児になると**……「読み」の力は，「あ」から「ん」の清音のどの文字も9割程度の子どもが読めており，濁音 (が行，ざ行，だ行，ば行)，半濁音 (ぱ行) も，8割から9割の割合で読めている。

　● **他方，「書き」の力**……比較的書きにくいのは，「む」(50.3%)，「ぬ」(52.3%)，「ふ」(57.2 %)，「そ」(58.8 %)，「ほ」(65.9 %)，「せ」(66.1 %)，「れ」(67.2 %)，「な」(68.3%)で，その他の文字は全体の7割から9割程度の割合で書けている (三神，1988)。

この結果から，就学前でもすでに大方のひらがなを読めて書ける実態が明らかである。

それ以降の調査は，あくまで「母親の目を通して」の回答に基づくのだが

* **年長児が自分の名前を読めるか**……「とてもあてはまる＋まあまああてはまる」の割合は男子97.9％，女子99.1％，「自分の名前をひらがなで書ける」は男子96.5％，女子98.8％というデータがあった。

ここにも幼児期にすでに読めて書ける実態が表れている。

* **えんぴつを正しく持てるか**……「とてもあてはまる（正しく持てる）」割合が年長児の「低年齢層」で43.4％，「高年齢層」で46.7％と，あまり高くない（Benesse, 2023）。

国立国語研究所（1967）よると

* **幼児の文字の鏡映（鏡文字）**……4歳頃にみられ，「も」が最も多く，「の」，「く」，「き」，「し」，「と」が続く。図9-1では「と」および点を含む「ど」が左右逆である。

* **筆順の誤り上位10位**……「ら，よ，や，う，ぜ，ほ，け，せ，も，ふ」であり，「ら，や，う，と，よ」は，点および点に準ずる直線を後に書く誤り，「ほ」「け」などは複合部分を先に書き，左の縦画を後に書く誤りがある。

* **ひらがなの筆順と鉛筆（筆記用具）の持ち方**……その後の学校教育の中で矯正されるのは，難しいことがわかる。筆者は毎年，勤務する短大の学生を対象にひらがなの筆順を調べているが，「も」の誤りが最も多く，次いで「せ」，「や」，「よ」，「ら」の誤りが多い。鉛筆の持ち方についても，親指が突き出る持ち方（図9-5）が圧倒的に多く，親指で人差し指をおさえ込む持ち方（図9-6），親指が人差し指と並行する，つまむ持ち方（図9-7），指が曲がるほど力を入れる，つかむ持ち方（図9-8）などがあり，正しい持ち方は，きわめて少ない。

正しい持ち方は，ペン先から見ると，三本指が120度間隔で離れ，三方から均等に支える持ち方である（図9-9）。親指のはら（指紋のあるところ）と中指の第一関節の親指側の側面で筆記具を固定し，人差し指は軽く上に添える（図9-10）。

図9-5　親指突き出し型

図9-6　にぎり型

図9-7　つまみ型

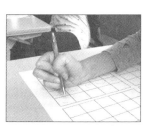

図9-8　つかみ型

図9-9　正しい持ち方をペン先から見たところ

図9-10　正しい持ち方を横から見たところ

鉛筆（筆記具）の正しい持ち方には，運動機能も関連している。適度な筆圧，適切な持ち方や筆運びのためには，肩から腕の筋力，手首の柔軟性，指の巧緻性が必要である。生活に必要な動作も文字を書く動きを育てる。例えば，「も」の縦画の下がって上がる動きは，清掃用ほうきで掃くときの手首の返しと同じである。鉛筆（筆記具）の正しい持ち方は箸の上側の一本の持ち方と同じである。

　手遊びで指を動かすことや折り紙をきちんと折ることなどが筆記具をもつ力を養う。文字は，はじめは指で，後にクレヨンやソフトペンを持って，渦巻きやらせん・ギザギザ線を描く遊びから始める。閉じた丸（3歳頃に可能。以下同様），十字（3歳半頃），四角の模写（4歳），三角の模写（5〜5歳半），ひし形の模写（6歳頃）を経て，平仮名の模写ができるようになる（丸山，2001）。

　小学校一年生の国語教科書（以下，教科書とは「こくご―上　かざぐるま」）には「かくまえのうた」として，鉛筆の持ち方について
　「えんぴつ　つまんでもちあげて　すぅっとたおして　なかゆびまくら　きちんとじょうずにもてたかな」，姿勢についても「あしはぺったん　せなかはぴん　おなかとせなかに　ぐうひとつ　きちんとじょうずにもてたかな」
の詩がある。筆記具を正しく持つことで，文字が美しく書けるのみならず，手指や腕や肩，背中が疲れないのである。

　幼児教育における文字の扱いは，『幼稚園教育要領』第2章「言葉」の3「内容の取扱い」に「(5)幼児が日常生活の中で，文字などを使いながら思ったことや考えたことを伝える喜びや楽しさを味わい，文字に対する興味や関心をもつようにすること」とあることから，一人ひとりの子どもの「伝える喜び」や「文字に対する興味や関心」を大切にすることが，求められている。
　文字に親しむ保育活動や日常の書く場面で，保育者こそが美しい書き姿のモデルになり，「先生みたいになりたい」と子どもたちに思われるような関わり方が望ましい。他方，小学校については，国立国語研究所の調査の結論に「小学校の文字指導，特に書くことの指導においては，（就学前に）様々な形で習得した筆順を，一人ひとりについて，どのように矯正するのかという方向を基本線においた文字の指導計画が一案として考えられよう。」とある（国立国語研究所，1967）。

　一人ひとりの子どもにとっての育ちの連続性を支えるために，幼児教育と小学校教育が連携し合い，円滑な接続を図る姿勢が求められている。

　幼児教育の段階で，多くの子どもたちが文字を読んだり，書いたりできるようになる。
　ただ，自分なりの筆順や鉛筆の持ち方が就学前に定着してしまう子どももおり，就学後に一人ひとり直すのは困難であるという問題がある。

SECTION 3　小学校の文字　〜教科書にみる絵本のおはなし〜

Study Points　『**はなのみち**』(岡信子 作・土田義晴 絵，岩崎書店，1998)，『**おおきなかぶ**』(トルストイ再話・内田莉莎子 訳・佐藤忠良 画，福音館書店，1962)の絵本のおはなしは，小学校の国語教科書，光村図書出版「こくご一上　かざぐるま」(以下，教科書とは「こくご一上 かざぐるま」)に音読の単元として位置づけられている。幼児教育との違いを探ってみよう。

1.　『はなのみち』の活動

　「音読」と内容の理解は必ずしも一致しない。そのため，一年生の授業では，文字で示される中身を丁寧にイメージすることを重視し，書かれていないことまでも想像して口頭で表現することを求めている。『はなのみち』は，「くまさん」が「りすさん」の家に向かう途中，気づかぬうちに袋の中身を落とすが，春に花の道ができたことで，落としたものが花の種だったとわかる話である。教科書の挿絵では，絵本に登場しない「たぬき」や「うさぎ」が「くまさん」を目撃している。そして「挿絵に出てくる動物たちがどんな会話をしているか想像」した発言を教科書は求めている。一年生は「たぬき」や「うさぎ」の視点に立ち，「誰がどうした」，「何がなんだ」の文で表現する。これは，物語展開を客観的かつ時系列で把握する手段でもある。比較するに，絵本では，読者の視点が「くまさん」に置かれ，「くまさん」と一緒に物事を体験していく。つまり「くまさん」が気づかないことは読者も気づかない。そのため，袋の中が空だと「くまさん」が知るとき，読者も一緒に驚き，「しまった，あながあいていた」の時点で，ようやく「あな」から中身が落ちたのだと理解する。

　また，教科書は晩秋と春との同じ構図の挿絵を比較して話し合う活動を提案している。絵本では両者が同じ構図でなく，間に雪景色が置かれて「くまさん」の冬眠を暗示させると共に，長い時間の経過を感じさせる。一年生は，雪景色を挟まない教科書の2枚の絵を見比べることで，季節の推移を読みとり，話の内容を理解していく。

　このように『はなのみち』の授業では，文字に書かれていない内容を，絵から読みとって発言したり，教諭が黒板に書いた文をノートに写したりする。

2.　『おおきなかぶ』の活動

　幼児教育の場でも行われる『おおきなかぶ』の劇化は，小学校でも奨励される。小学校では新たに，登場人物の気持ちを考えて，そのせりふを口頭発表し，筆記する。絵本『おおきなかぶ』には，「おじいさん」以外のせりふは書かれていないが，例えば「おばあさん」役ならば「おじいさん，大丈夫ですか。どれどれ私も手伝いましょう。二人で引っ張れば抜けますよ。」などと想像して口頭で表現する。そして，ノートにせりふを書くのである。

> 　幼児期に絵本や物語に親しんだ経験が，小学校では自分自身で文字を「読み」，読みとった内容をもとに想像して「話す」活動や「書く」活動に展開されていく。小学校国語の学習活動は「話すこと・聞くこと」，「書くこと」，「読むこと」の3つの領域を関連させて進められている。

SECTION 4　幼児教育で大切にしたいこと

Study Points　文字を覚えて書くという段階を超えて，一般に「書くこと」が大切というのは，就学後の国語という科目のために大切という意味なのか。「書くこと」の意義を考えてみよう。

　　ひらがなや「書くこと」に関する幼児教育と小学校との接続を考えるとき，現行『幼稚園教育要領』の言葉領域の2「内容」の項目「(10)日常生活の中で，文字などで伝える楽しさを味わう」の他，「幼児期の終わりまでに育ってほしい姿」の(8)「数量や図形，標識や文字などへの関心感覚」や(9)「言葉による伝え合い」が関連する。これらから，ひらがなの読み書き自体が終着点でなく，自分が表現したいことをその都度（文字を書くことも含む）適切な方法で他者に向けて発信し，返信を受け止めることのできる力（伝え合い）が大切だということがわかる。

　　そして，「書くこと」が大切なのは，「伝え合い」の他に，人として生きるうえでの，ものの見方・考え方と深く結びついているからである。人の思考は内面の言葉（内言）で展開される。文字から読みとれた内容や具体的経験をもとに，人は静かに内面で想像したり考えたりする。内面の言葉によって進行する思考が，「書く」活動の根源にある。

　　三神の研究は，せっかく文字を覚えても，子どもは，その機能を知らず，使うことができなければ，文字習得の意味がない」という。さらに「文字習得の意味」について，三神は「『話しことば』から『文字ことば』への移行は，子どもの精神生活にとって一つの大きな飛躍」だという。その点，丸山が「『文字』は，書き言葉の道具として位置づいている。子どもは，文字を獲得することによって，話し言葉の世界から書き言葉の世界へと言語能力を発展させ，伴せて認識や思考能力を高めていく。」と述べていることと重なる（丸山，2001）。

図9-11　小一「はなのみち」の絵
小一「はなのみち」の絵
　福井市森田小学校の実践（2013年度）
「お花の種，朝顔の種だよ」と言いながら描いていた

　　そのようなことをふまえて考えるに，幼児期に体験すべきこと，身につけるべきこととは，次の通りである。

（1）　他者の話を注意して聞き，相手にわかるように伝えようとする態度

　　文字は伝え合う（コミュニケーション）の手段の一つである。絵本の読み聞かせや帰りの会などの場面における発言や「お買い物ごっこ」，「お手紙ごっこ」などの遊びを通して，他者と伝え合う喜びや楽しさを感じとれるように支援することが大切である。

（2）　理解の基盤となる体験の豊かさ

　　文章を理解するとは，どのようなことだろうか。例えば，『はなのみち』の表現は，きわめて簡潔だが，内容の理解には，「袋にあなが空いていると，知らない間に中身がこぼれ落ちること」，「晩秋には小さくて黒い，落としても目立たない種が，春になると美

しい花を咲かせること」，「熊は（人間の一夜の眠りと異なり）冬眠すること，だから目覚めるまで花の道に気づかなかったこと」などの理解が関連してくる。この物語は「袋から落ちたものは何でしょう」という「なぞなぞ」の構成をもち，上記の様々な事柄が結びついたとき，袋の中の正体がわかる仕組みになっている。

　このように，文字が読めて一文一文の意味を一通り理解することと，物語全体が伝える面白さを理解することとは異なる。文字を読み，内面で筋道立てて思考することで，物語全体の内容も理解できる。そのため，幼児教育の段階では，理解の基盤となる生活経験を大切にしたい。

　「書く」ことは，他者と「伝え合う」手段の一つであると共に，個々人が内面で言葉を操りつつ進める思考と深く結びついている。幼児教育の段階では，思ったことや考えたことを他者に伝える経験や物事を理解する基となる生活上の体験が大切である。

Column　伝え合う力

　小学校でも様々な教科で，「主体的」「対話的」で「深い学び」を目指し，知識・技能に基づく思考力・判断力・表現力，学びに向かう力を培うアクティブラーニングが実施されている。幼児教育と小学校教育の接続を円滑にする取り組みにも，アクティブラーニングが展開されている。その中から，子どもたちの「伝え合う力」が育つ事例を紹介する。

遊びのお店〔小学校1年生　生活科〕

　「去年，私たちが年長さんだったときに，1年生のお兄さんやお姉さんの手作りおもちゃで遊んだのは，楽しかったよね。」「今年，ぼくたちもおもちゃを手作りして，今の年長さんに遊んでもらいたいな。」このような思いから「おもちゃ作り」が始まった。

　グループで相談しながら，おもちゃ作りを進めた。「どうしたら，もっとかっこよく，きれいになるだろう？」「落ち葉で飾ろうよ，赤や黄色のきれいな葉っぱで。」「どんぐりはボンドで貼り付けたほうが，じょうぶになるよ。」紙コップをつないで作った「けん玉」は，かっこいい。オナモミで作った「魚釣り」は楽しくてわくわくしちゃう。ほかにも，いろいろなおもちゃを作った。きっと喜んでくれるだろう。

図9-12　グループで話し合い

　お店には，約200名もの子どもたちがやって来た。

　地域のたくさんの幼稚園や保育園，こども園に招待状を届けてあったから。

「けん玉はね，見ててよ。」

「釣り糸の先につけたオナモミで，お魚につけてある毛糸をねらって釣るんだよ。」

　年長さんたちは，まん丸な目で，にこにこして聞いていた。　　　　　　　　　（2023年11月　福井市森田小学校）

図9-13　幼児に伝える小学生

10章　子どもを取り巻くことばへの援助と課題

SECTION 1　配慮を要する子どものことばへの援助

Study Points　保育現場には，ことばの発達に配慮を要する子どもがおり，ことばのやり取りがうまくいかないことが原因となり，友だちとの間にトラブルが生じることもある。そのため，保育者が対応するときには工夫が必要である。ここでは，言語の習得やことばのやり取りに配慮が必要な子どもについて理解しよう。また，発語に課題のある子どもの特徴と対応についても学ぼう。

1. 言葉の発達が気になる子ども

（1）　自閉的傾向がある子どものことばの理解とコミュニケーション

　　自閉的な傾向がみられる子どもの中に，ことばの意味は理解できるのにコミュニケーションが苦手な子がいる。ここでは自閉的傾向がある子どもの中で，あきらかな知的発達に遅れのないタイプの子どもへの援助と対応方法についてみてみよう。

　　保育現場で，集団行動を苦手とする子どもや指示が通りにくい傾向をもつ子どもの特徴として，ことばの問題を抱える子どもが存在する。この子どもたちは，認知発達に大きな遅れは伴わないが，ものの名前を覚えたり，人との関係性などを理解したりするときに，他の子どもとは異なるみちすじを通ることがある。

　　このように，認知面で偏りがある子どもたちは，私たちが意図したことばの世界とは少し異なることもあるが，個々の方法でゆるやかに言葉を習得する。周囲の大人が一人ひとりの言語習得のみちすじに寄り添い，理解できることばを選び語りかけることが大切である。

（2）　乱暴さや粗暴な行動がある子どものことばの問題

　　注意が散漫で，一つのことをやり終える前に目の前に入った情報に行動が左右される子どもを"多動傾向がある子ども"として捉えることがある。行動そのものの課題が大きいため，ことばの問題と捉えることは少ない。しかし，注意が散漫なため，聞き間違いや友だちとのやり取りの中で互いに食い違いが生じることから，指示の理解ができているか，また友だち関係を注意してみる必要がある。ことばの理解そのものには問題がないが，その場に応じた行動ができなかったり，衝動を抑えられなかったりするために生じる言動に，周りの子どもが影響されることでトラブルに発展することが多くなる。場にそぐわないことばづかいや，他者を傷つけるようなことばなどが生じるときには，保育者が環境調整を行い，"ことば"を介した問題が生じないように工夫することが必要である。

　　幼児期に多動傾向がみられる子どもの多くは，小学校低学年のうちにその傾向が薄れていく。多動は目に見えて周囲と異なる行動であるため，保育者や保護者など周囲の大人から注意を受ける機会が多くなりがちである。それが原因となり自尊感情が得られにくくなり二次的な課題に繋がることがある。感情をコントロールする力を育むためにもことばの習得が重要な役割を果たすことになる。

2. その他，ことばに関する課題を抱える子ども

(1) 吃音の子どもの特徴と対応

　　吃音とは話し言葉が滑らかに出ない状態のことで，「ぼ，ぼ,，ぼくね」などの音の繰り返し（連発）や，「うーーちのね，いーーぬが,，ね」など単語の途中に伸ばした表現が入る（伸発），「……えっとぉ……えっとね……」と，なかなか言葉が出ない状態（ブロック・難発）のことをいう。吃音には発達性吃音と獲得性吃音があり，幼児の場合は9割が発達性吃音である。発症率は男児に多く，女児の2倍から4倍といわれており，体質的な要因や発達の問題，環境などいくつかの要因が重なっていることが多いのが特徴である。発達性吃音は，2〜4歳頃に現れ，学童期には，症状が改善していることも少なくない。

　　このような子どもへの基本的な対応は，最後までゆっくり話を聞くことである。途中で「ゆっくりお話ししてごらん」，「落ち着いて大丈夫だよ」などのことばをかけるのではなく，話す楽しさ，伝わる喜びに着目することが大切である。

(2) 場面緘黙の子どもの特徴と対応

　　場面緘黙とは，家庭内では話ができる子どもが，保育所や幼稚園など集団場面でことばを発することができない状態にあることをいう。

　　子どもにとって初めての集団生活になる場所で気づかれることが多いため，保育・教育現場で顕在化することが多い。発症率は1,000人に2〜3人といわれており，男女比は1：2で女児に多い。

　　場面緘黙の子どもの特徴は，「人見知り傾向」や「引っ込み思案」など不安や緊張が高いことが多く，保育の場では遊びが成立しないなどの課題が生じることが多い。しかし，家の中では流暢に話すことができるため，仲のよい友だちが家に来て遊ぶときには会話ができる場合もある。

　　それらをきっかけに，その友だちとは保育の場でも話ができるようになることもあり，保育現場そのものへの緊張感が和らぐ子どももいる。

　　このように，本人が安心して過ごせる環境を整えることが保育者の最初の役割となる。保育者と話ができない状態でも，問いかけに対し頷いたり，目を合わせたりするなどの行動がみられる場合は，まずは保育者との関係づくりを大切にし，保育者を介して仲間との関わりができるように時間をかけて対応することが大切である。年単位での対応も考えられるので，保護者や他の保育者との連携が重要となる。

　　ことばの発達が阻害される原因は，多岐にわたる。神経発達症を起因としたことばの習得の遅れは，環境調整による対応の工夫が保育者に求められる。いずれの場合も，子どもが安心できる環境を準備するところから始めることが大切である。

SECTION 2 　母語が日本語ではない子どもと保護者への援助

Study Points 令和2年度子ども・子育て支援推進調査研究事業の「外国籍の子どもへの保育に関する調査（三菱 UFJ リサーチ＆コンサルティング 2019）によると回答のあった自治体の7割が外国にルーツある子どもが在籍している。保育現場には様々な言語を母語とする子どもたちが在籍する。このような背景をふまえて，母語が日本語以外の子どもとその保護者への援助について考えてみよう。

1. 母語が日本語ではない子どものことばの問題

　　ことばには，コミュニケーションに必要な「生活言語」と認知や想像力に直結する「学習言語」がある。この二つの言語能力の獲得のために，保育者はどのように働きかけることができるだろうか。

(1) 文化の違いとことばの問題：生活言語の獲得と課題

　　保育現場では，様々な言語圏を背景とする外国籍の子どもが増えている。簡単なコミュニケーションや生活場面での行動様式は，多くの子どもたちは数か月から1年程度で周囲に馴染んで生活ができるようになる。しかしこれは，ことばの習得を表面的に捉えた状態にとどまるものであり，感情表現や思考の手段としては未熟なものである。少し詳しく見てみよう。

　　外国籍の子どもが初めて集団生活を送るときに大切なのは，周囲とコミュニケーションがとれるようになることである。子ども同士は，身振り手振りでのやり取りをしながら遊び始め，数か月もすると様々な方法でコミュニケーションがとれるようになり，園の生活に馴染んでいく。この状態になると喧嘩など意見の食い違いも生じてくる。表面的にことばでのやり取りが成立した関係が，感情表現のことばが入ると途端に関係が崩れ，話が噛み合わないことが生じるのである。このような状況になると，文化や母語の違いなどが課題として浮上してくる。

　　外国籍の子どもが親との会話でどの言語を使っているのか，また，家庭内はどの国の文化圏で生活しているのか。それぞれの国の様々な考え方や慣習・風習はどんなものか。

　　それらを理解して保育者が仲介となり，良好な友だち関係の継続がより豊かなことばの習得につながるようにするのである。このような体験を繰り返すことは，感情を表現することばや行動，および環境に影響し，感情や行動をコントロールすることばの力を獲得するための次の段階での足がかりとなる。

(2) 考える力を支える母語の獲得と認知の発達：学習言語の獲得と課題

　　園の中で簡単なことばでのやり取りができるようになると，園生活を楽しく過ごせるようになる。しかし，保育の中に存在する文化的要素の理解や，論理的な思考が必要となる高度なことばの習得は未熟なままである。特に母語が安定しない子どもは，学童期以降に学習が困難になるケースが問題視されている。学習で使えることばの習得に就学

前の保育の中で何を意識するとよいだろうか。

　言葉の仕組みを理解することや，日常生活で使用頻度が低いことばを意識して取り入れるためにも，絵本の読み聞かせやことば遊びを意識的に保育に取り入れたい。語りかけることばに工夫をし，豊かな日本語の表現が体験できる環境を整えてほしい。

2. 外国籍の子どもの保護者への援助

（1）外国籍の子どもと保護者の現状

　外国籍の子どもたちの背景には様々な国が存在する。保育者は，家庭内の生活がどのような状況かを把握し援助方法を考える必要がある。保護者の状況は，大きく分けると下記の3つ A)～C)に分類される。そして，それぞれに日本語習得の希望が違うこと a)，b)も理解し配慮する必要がある。また，食文化の違いや宗教上の生活習慣の違いなどは日々の生活に直結する問題となるため特に配慮が必要である。

　私たちが当たり前だと思っていることは当たり前ではない人がいる。多文化共生や多様化社会と同じように捉え，外国籍の人が置かれている状況を理解し，丁寧な援助や説明が必要であることを意識して保育に当たりたい。

＜保護者の状況＞

A)　両親の両方，またはどちらかが日本語と日本文化を理解している。

B)　両親とも外国にルーツがあり，日本語でコミュニケーションはとれるが外国文化で生活している。

C)　両親共に外国にルーツがあり，外国語と外国文化で生活している。

＜保護者の希望＞

a)　今後も日本での生活を望んでおり，文化の理解や文脈もわかるレベルでの日本語の習得を望んでいる。

b)　帰国，または外国語（日本語以外の母語）での生活を望んでおり，コミュニケーションができればよいと考えている。

（2）母語を育む大切さ

　保育の場において，コミュニケーションができるためのことばの習得は必修ではあるが，学童期以上で必要となるのは，論理的思考力を支えることばの習得である。保育の場では困らなかったことばの問題が，教科学習が始まると急に困難を示すことがある。特に就学前段階では，全く問題がないと認識されている場合が深刻である。ほとんどの保育者は日本語を母語とするため，それらのつまずきに気づきにくい。また，保護者の中には，日本語での生活に早く慣れるために，表面的な日本語でのやり取りを重視するあまり，母語を育む必要性を考えずにいる場合がある。母語の習得は自身のアイデンティティーの形成に影響し，精神面での支柱となることを覚えておきたい。

　また，論理的に物事を理解するためには，それ相応の言語能力が必要であり，幼い頃から概念形成を積み上げ学習言語を獲得するように生活の中で補う必要がある。そのた

めには絵本やカルタ，カードゲームやことば遊びなど，言語を育む遊びを取り入れたり，感情表現や考えを話す機会を設けたりするなど，日常の保育活動に多文化共生の視点を取り入れるとよい。それらの活動から何の習得を目指しているかを保護者と共有し，母語による思考力の育成について意識できる援助を目指す必要があることを理解しておこう。

3. 外国籍の子どものことばの援助方法と工夫

　子どもが安心して園に通えるように環境を整えるためには，その国の文化や背景に理解を示し，クラスの子どもたちと共に日本以外の国に興味をもつことが大切である。保育者が様々な工夫をして環境を整え，受け入れる体制をつくると，子どもたちは自然にその子どもとの距離を縮める。子どもの姿は保護者からも理解され，保護者同士のコミュニケーションのきっかけとなる。また，翻訳機能のある ICT 機器の活用も援助の際の有効手段となる。

　さらに，日本での生活歴の長い外国籍の保護者や外国人支援センターなどの地域資源も活用し，子どもたちのことばを育む環境を整えたい。"子ども"も"保護者"も"保育者"も安心して関われるような保育環境を構築していくことが大切である。

　最後に日本語の特徴の一つを抑えておきたい。日本語は行間や文脈，その場の状況を読みとる力を伴うハイテクスト文化(高文脈文化)のうえに成り立っている。日本文化の中でことばを習得し生活する私たちにとっては当たり前の「空気を読む」力もことばを育むときに大きく影響しているのだ。このことを理解しておかなくては，日本語圏外で生活してきた保護者とのコミュニケーションはうまくいかないだろう。日本語が上手な人にも言葉足らずにならないように，丁寧なコミュニケーションをとりながら，必要な内容は，繰り返し伝える必要があることを保育者が意識して保育に当たってほしい。

　母語が日本語ではない子どもたちのことばの問題には，コミュニケーションをとるために必要な「生活言語」と学習や思考のために必要な「学習言語」の両面から検討する必要がある。学習言語を習得するために「母語の習得」が大切である。

Column

　まずは子どもたちと挨拶をして交流をはじめよう。そのほかにもポルトガル語やヒンドゥ語など英語以外の言葉にも注目してみよう。

表10-1　他言語のあいさつ

言語	中国語	ベトナム語	スペイン語
こんにちは	你好(ニーハオ)	Xin Chao (シンチャオ)	Hola. (オラ)＝こんにちは
さようなら	再见(ザイジェン)	Hẹn gặp lại (ヘン ガップ ライ)	Adios (アディオス)
ありがとう	谢谢(シェーシェー)	Can on (カムオン)	Gracias (グラシアス)
ごめんなさい	不好意思(プーハオイース)	Xin loi (シンローイ)	Lo siento. (ロシエント)

SECTION 3　子どもの遊びの変容に伴うことばの課題

Study Points　時代と共に子どもを取り巻く環境は変わり，遊びの内容も変化してきた。幼い頃からタブレットやゲーム機を操作し室内で過ごす時間が増えている。これらの状況を背景に，子どもたちの語彙力の低下やことばの意味理解が変化するなど様々な課題も生じている。ここでは，子どもを取り巻く遊びの変化が，ことばの習得にどのように影響するか理解しよう。

1.　生活体験とことばの育ち

　子どもは，様々な体験を通してことばを獲得する。体験する中で感情が動き，ことばの理解へとつながっていく。しかし，現代は生活体験が乏しくなり，子どもが生活を通して言語を獲得する機会が奪われている。

　家庭内での会話が増えているかは，かなり格差がある状況である。この格差はその後，子どもたちが情報を取り入れる際の格差に結びつく。子育て中の情報ネットワークの豊かさが様々な経験に結びつくこともある。その中で感動や発見，探究など心動かされる機会を通して豊かなことばは育まれる。スマートフォンやインターネットの普及により，直接親子で会話する時間が減っている。ことばに現れる背景には，様々な環境要因が潜んでいることを心に留めておきたい。

　子どもたちは，日々の生活の中にも多くの発見の機会がある。生活すべての体験がことばを育む機会になっていることを知り，環境を整えるようにしていきたいものである。

2.　遊びの変化とことばの育ち

　誰もが幼い頃に，何らかの模倣遊びをした経験があるだろう。子どもたちがごっこ遊びをするためには，そのものになりきる想像力が必要となる。ごっこ遊びは，別の生活経験をする子ども同士が会話のやり取りを通して，コミュニケーションのために必要なことば（外言）を育む。そして，その体験を頭の中で微調整してすり合わせて遊びを成立させる。そのためには思考するためのことば（内言）を必要とする。

　このようにことばの世界を楽しむ普遍的な遊びがある一方で，ゲームやインターネットの世界で多くの子どもたちが遊んでいる。2017年に実施されたベネッセの実態調査によると，すでに0歳児からこれらの機器を使用しており，タブレットなどは，乳児が手にして遊べる道具であるといえる。しかし，言語の獲得は一対一の対話から始まる点を忘れてはならない。乳幼児期にこれらを使用する際には，時間に制限を設け，内容の選択を大人が管理するなど適切に使用されることが重要である。そして，運動遊びなど，からだを使う遊びを積極的に取り入れ，体験を重視することが言葉の発達を育むことになるのである。

> 　子どもたちのことばを育む環境は，生活すべてである。子どもたちにとって，心の栄養ともいえる遊びの世界が時代と共に変化している。ことばを育む観点から身体活動を伴う遊びを重視する視点が大切である。

SECTION 4　ICTを活用した保育活動の課題

Study Points　　1990年代にICT（Information and Communication Technology）の活用が広がり
保育現場での活用方法も変化し続けている。様々な機器を活用することで，情報共有やコミュニケー
ションが豊かになり，ことばを引き出す可能性がある。ここではICTリテラシーの獲得と活用にあ
たって考えるべき倫理観について考えよう。

1.　保育現場におけるICT活用の現状

　　近年の保育現場において様々なICT機器が活用されている。子どもたち自身がPC
（Personal Computer）(以下PC)を図鑑のように活用し何かを調べたりタブレット端末のカ
メラ機能を使って友だちと情報共有したりするなど，多くの園で保育に取り入れられて
いる。また，保育者が撮影した子どもの姿の画像を印刷してコメントをつけたものを，
送迎時に保護者に見せたり，映像そのものをモニターで提示したりするなど，様々な機
器を活用してコミュニケーションが図られるようになっている。これらICT機器の活
用が，親子の会話のきっかけになったり，友だちとの情報共有に活用されたりすること
で，気持ちや考えを人に伝えたいという感情が揺さぶられ，言語の表出意欲が促される
こともあるだろう。

　　また，それらは子どもたちの"ことば"の記録としても活用され，ドキュメンテーショ
ンやポートフォリオなどが掲示されたりファイリングされたりしている。これらを手に
触れられるところに置くことで，親子や子ども同士，自分自身を振り返ったり共有した
りする機会を生む。そして，それらの活動を通して，さらに言語活動につながることが
期待されるのである。

　　このように，保育活動においてICTの活用が浸透してきている。さらに発展した取
り組みとして，幼児向けのアプリ開発や保育現場からのYouTube配信による保育参観
など先駆的な取り組みを行っている園もある。

　　一方で，保育方針やネットワークの整備問題やセキュリティなどの危機管理体制を理
由にこれらのICTを保育活動の中でまったく使用していない園もあり，園によって使
用状況には差がある。小学校以上でのGIGAスクールが始まったからといって，保育現
場が活用について心配をする必要はないが，現代のコミュニケーションツールとして確
立している状況を考えると，言語発達に影響を与える教材として今後，活用することは
避けられないだろう。

2.　ICTのメディア・リテラシーと倫理観の育成

（1）　幼児のメディア・リテラシー*

　　2017年のベネッセの調査によると，幼児のスマートフォンやタブレットの使用率は0
歳児で4割，2歳児で8割といわれ，多くの子どもが日常的に使用する道具となってい
る。その使い方は多岐に渡り，動画の視聴や簡単なゲームの実施，遠隔地にいる祖父母

との交流など様々な形で乳幼児の生活の中に取り込まれている。日常的に触れるからこそ，幼児期からある程度のルールを設けることが必要であり，使用する時間制限の設定や機器そのものの取り扱い方法を伝えていく必要がある。

＊リテラシー　もともとは「読み書き能力」を意味する言葉だが，現在の使われ方としては，「適切な情報を取得し，活用する能力」を指している。

　また，これらの機器は開発から使用までのスピードが速かったため，子どもの健康面への影響などは不確かな情報も多い。現在は，長時間液晶画面を見ることで生じる眼精疲労や視力の低下，睡眠の質の低下などが問題視されている。子どもたちが便利な道具として活用する一方で，このような健康面での配慮が必要であることは，保育者として知っておくべき情報である。

（2）　倫理観の育成

　ICTをコミュニケーションの一つの方法として活用する際に，倫理観の問題がある。ICTを活用して他者と直接対面せず会話をするときには，相手がどのような感情でそのことばや映像を受け取るかを想像する力が大切になる。幼児期の多くは，直接対面でのやり取りを通してコミュニケーションを図るので，表情や態度などからも相手の情報を読みとり，それを受けて自分の態度を決める。そのやり取りを通して，他者には別の考えがあり，自分の発信の仕方やそのときの状況によって，受け取り方が変わることを体感で覚えていく。これらの経験が，SNSやその他のICTを活用した発信方法に必要な倫理観の種になる。

　幼い頃から一方通行のコミュニケーションツールとして扱うことなく，常に熟考して発信する体験を大切にしたい。

　これからの時代は，ICT機器の活用方法について幼少期から考える必要がある。最近ではICTにAIが搭載されるようになり，ことばを取り巻く環境はさらに複雑化している。テクノロジー技術の発展は，便利に使えば，ことばを操る力を様々な面で助けてくれることに間違いないが，その活用には，倫理観を伴うことを忘れてはいけない。それを理解するためには活用内容の善悪を判断する力が大切になってくる。これらを理解するためにも，幼い頃からの体験を伴う"生きたことば"を豊かに育むことがますます必要とされる。

　タブレットやPCを保育室で使用するICT機器を活用した保育が始まっている。情報共有やコミュニケーションツールとして活用することで，豊かなことばにつながる一方で使い方を間違えると人を傷つける道具となることが理解できるように，倫理観を育むことが大切である。

参考資料 理論編 ——————————————————————————————————

〔1章 ことばの意義と機能〕

今井むつみ著：『ことばと思考』岩波新書，岩波書店（2010）

今井むつみ著：『ことばの発達の謎を解く』ちくまプリマー新書，筑摩書房（2013）

L・ベンジャミン・ウォーフ著：『言語・思考・現実』池上嘉彦訳，講談社学術文庫，講談社（1956／1993）

岡本夏木著：『子どもとことば』岩波新書，岩波書店（1982）

岡本夏木著：『ことばと発達』岩波新書，岩波書店（1985）

ガイ・ドイッチャー著：『言語が違えば，世界も違って見えるわけ』椋田直子訳，インターシフト（2010／2012）

やまだようこ著：『ことばの前のことば―うたうコミュニケーション』やまだようこ著作集第1巻，新曜社（2010）

やまだようこ著：『ことばのはじまり―意味と表象』やまだようこ著作集第2巻，新曜社（2019 a）

やまだようこ著：『ものがたりの発生―私のめばえ』やまだようこ著作集第3巻，新曜社（2019 b）

横山正幸著：「子どもの発達と言葉」秋山和夫，成田稔一，山本多喜司監修，横山正幸編『教育・保育双書16 内容研究 領域 言葉』，p.2-22 北大路書房（1994）

〔2章 領域「言葉」とは〕

厚生労働省：『保育所保育指針解説』フレーベル館（2018）

汐見稔幸，無藤隆監修，ミネルヴァ書房編集部編集『〈平成30年施行〉保育所保育指針 幼稚園教育要領 幼保連携型認定こども園教育・保育要領 解説とポイント』ミネルヴァ書房（2018）

内閣府，文部科学省，厚生労働省：『幼保連携型認定こども園教育保育要領解説』フレーベル館（2018）

文部科学省：『幼稚園教育要領解説』フレーベル館（2018）

〔3章 乳児期のことばの発達〕

秋田喜代美（監修）・三宅茂夫（監修）・砂上史子（編集）：子どもの姿からはじめる領域・ことば（シリーズ知のゆりかご）みらい（2020）

有田明美：児童虐待が脳に及ぼす影響脳と発達43（5），p.345-351（2011）

今井恭子・山田栞里乳児と養育者の「会話」におけるマザリーズ－プロソディの分析から見える音楽性音楽教育実践ジャーナル，15，p.76-84（2017）

乙部貴幸：乳幼児期における選好の発達について仁愛女子短期大学研究紀要，p.4835-4842（2016）

厚生労働省：母子保健法（昭和40年8月18日法律第141号）（1965）

清水益治・森敏昭：「0歳から12歳児の発達と学び」北大路書房（2013）

針生悦子著：『赤ちゃんはことばをどう学ぶのか』中公新書ラクレ（2019）

理化学研究所：育児期のマザリーズ発話による親の脳内活動と対児感情との相関分析科学研究費助成事業18730478（2010）

〔4章 乳児保育における言葉の援助〕

アドルフ・ポルトマン著：『人間はどこまで動物か』高木正孝訳 岩波書店（1961）

今井和子著：『言葉から見る子どもの育ち―エピソードから読み解く』ひかりのくに（2021）

子どもと言葉研究会編著：『0歳児から6歳児子どもの言葉～心の育ちを見つめる～』小学館（2017）

〔第5章　低年齢期（1歳以上3歳未満児）のことばの発達〕

新井邦二郎：3歳の親子の綱引き，新井邦二郎（編著）：『図でわかる発達心理学』福村出版（1997）

石本麻奈・山本真由美：「乳幼児のオノマトペと成人語の使用と理解の発達：保護者への意識調査と保育場面の観察を通して」，『徳島大学総合科学部 人間科学研究』29，p.47-58（2021）

上原郁美・山本真由美：「保育場面における保育者のオノマトペ使用に関する意識」，『徳島大学人間科学研究』23，p.1-17（2015）

内田聖二（監訳）・ウィリアム・オグレイディ：『子どもとことばの出会い：言語獲得入門』研究社（2008）

岡部毅：〈資料〉幼児の言語発達（I）－2才児の観察による発話事例研究－：『研究紀要』高松短期大学（1980）

岡本夏木：『子どもとことば』岩波書店（1982）

岡本依子・菅野幸恵・塚田－城みちる：『エピソードで学ぶ乳幼児の発達心理学 関係のなかでそだつ子どもたち』新曜社（2004）

柏木恵子：『幼児期における「自己」の発達－行動の自己制御機能を中心に－』東京大学出版会（1988）

近藤綾・渡辺大介：「保育者が用いるオノマトペの世界」，『広島大学心理学研究』8 p.255-261（2008）

丹野真智俊：『オノマトペ（擬音語・擬態語）を考える―日本語音韻の心理学的研究』あいり出版（2005）

中島常安・請川滋大・畠山寛・畠山美穂・川田学・河原紀子：「発達心理学用語集」同文書院（2006）

松原達哉：『質問期：ママ，どうして？質問の心を大切に』日本図書文化協会（1979）

村田孝次：言語発達．藤永保（編集）：『児童心理学』有斐閣（1973）

〔6章　低年齢児保育における領域「言葉」の援助〕

厚生労働省：『保育所保育指針』フレーベル館（2017）

厚生労働省：『保育所保育指針解説』フレーベル館（2018）

瀬田貞二 訳・山田三郎 画：『三びきのこぶた』福音館書店（1967）

内閣府・文部科学省・厚生労働省：『幼保連携型認定こども園教育・保育要領解説』フレーベル館（2018）

〔7章　幼児期（3歳以上児）のことばの発達〕

大伴潔著：『言語・コミュニケーションの発達の流れ』大伴潔・大井学（編著）『言語・コミュニケーション・読み書きに困難がある子どもの理解と支援』学苑社（2011）

岡本夏木著：『子どもとことば』岩波新書（1982）

岡本夏木著：『ことばと発達』岩波新書（1985）

垣花真一郎・安藤寿康・小山麻紀・飯高晶子・菅原いづみ：「幼児のかな識字力の認知的規定因」，『教育心理学研究』57，p.295-308（2009）

多田和子：「五歳児の字への興味と個人差：一年間の記録から」，『幼児の教育』68（3），p.18-24（1969）

野口隆子著：『幼児期の言葉の発達過程』秋田喜代美・野口隆子（編著）『保育内容・言葉』光生館（2018）

針生悦子・大村彰道・原ひろみ：「未知物に関する説明が新奇なラベルの相互排他的な解釈に及ぼす効果」，『発達心理学研究』5（1），p.41-50（1994）

広瀬美和・福元真由美・柴山真琴：「3歳児の葛藤処理方略の発達過程：幼稚園生活における変化」，『東京学芸大学紀要．総合教育科学系』69（1），p.141-148（2018）

松丸英里佳・吉川はる奈：「3歳児の仲間関係の形成過程に関する研究」，『埼玉大学紀要教育学部』58（1），p.127-135（2009）

村石京子：「五歳児の文字への興味と個人差」，『幼児の教育』69（3），p.34-40（1970）

山田恵美：「幼児の活動の展開を支える保育環境：絵本コーナー内の場と読み方」，『保育学研究』50（3），p.263-275（2012）

Baroody, A. E., & Diamond, K. E.：「Measures of preschool children's interest and engagement in literacy activities: examining gender differences and construct dimensions」，『Early Childhood Research Quarterly』，28（2），p.291-301（2013）

Baroody, A. E., & Diamond, K. E.：「Associations among preschool children's classroom literacy environment, interest and engagement in literacy activities, and early reading skills」，『Journal of Early Childhood Research』，14（2），p.146-162（2016）

Gombert, J. E.:『Metalinguistic Development』Harvester Wheatsheaf（1992）

Inagaki, K., Hatano, G., & Otake, T:「The effect of Kana literacy acquisition on the speech segmentation unit used by Japanese young children」,『Journal of Experimental Child Psychology』, 75（1）, p. 70 - 91（2000）

Penno, J. F., Wilkinson, I. A. G., & Moore, D. W.:「Vocabulary acquisition from teacher explanation and repeated listening to stories: Do they overcome the Matthew effect?」,『Journal of Educational Psychology』, 94（1）, p. 23 - 33（2002）

Sylva, K., Chan, L, L. S., Melhuish, E., Sammons, P., Siraj-Blatchford, I., & Taggart, B.:『Emergent literacy environments: Home and preschool influences on children's literacy development』Neuman, S, B., & Dickinson, D, K.（Eds.）『Handbook of early literacy research volume 3』Guiford Press（2011）

Whitehurst, G, J., & Lonigan, C, J.:「Child Development and Emergent Literacy」,『Child Development』, 69（3）, p. 848 - 872（1998）

〔8章　幼児期保育における領域「言葉」の援助（ねらい・内容・内容の取扱い）〕

厚生労働省:『保育所保育指針〈平成29年告示〉』チャイルド本社（2017）

内閣府・文部科学省・厚生労働省:『幼保連携型認定こども園教育・保育要領〈平成29年告示〉』チャイルド本社（2017）

文部科学省:『幼稚園教育要領〈平成29年告示〉』チャイルド本社（2017）

〔9章　書き言葉の発達と小学校「国語」〕

A. トルストイ再話・内田莉莎子訳, 佐藤忠良画:『おおきなかぶ』福音館書店（1962）

一色八郎:『幼児の手の発達と文字の指導』黎明書房（1985）

岡信子作・土田義晴絵:『はなのみち』岩崎書店（1998）

国立国語研究所（村石昭三・天野清）編:『幼児の読み書き能力』東京書籍（1972）

島村直己・三神廣子:「幼児のひらがなの習得―国立国語研究所の1967年の調査との比較を通して―」,『教育心理学研究』42（1）, p.70 - 76（1994）

田村徳子:第2章「子どもの学びの育ち」『第1回幼児期から小学1年生の家庭教育調査報告書』（2012）Benesse 教育総合研究所
https://berd.benesse.jp/jisedaiken/research/research_22/pdf/research22-04.pdf（2023年11月3日取得）

内閣府・文部科学省・厚生労働省:『幼保連携型認定こども園における　園児が心を寄せる環境の構成』（2022）

前田敬子:「『書くこと』の保幼小連携」,『仁愛女子短期大学研究紀要』47, p.45 - 56（2015）

丸山美和子:『発達のみちすじと保育の課題』萌文社（2001）

三神廣子:『本が好きな子に育つために』萌林書林（2003）

三神廣子・野原由利子・田邊光子:「幼児の文字学習と読書レディネスに関する研究―幼児のひらがなの習得（1988年と2005年の比較を通して）―」,『名古屋芸術大学研究紀要』29, p.345 - 365（2008）

光村図書出版:『こくご一上　かざぐるま』（2018）

文部科学省:『小学校学習指導要領（平成29年告示）解説　国語編』（2018）

文部科学省:『幼稚園教育要領解説』（2018）

谷田貝公昭:『不器用っ子が増えている　手と指は［第2の脳］⑧』一藝社（2016）

「幼児期から中学生の家庭教育調査・縦断調査（4〜5歳児）」（2015）Benesse 教育総合研究所
https://berd.benesse.jp/up_images/publicity/20150304release.pdf（2023年11月3日取得）

〔10章 子どもを取り巻くことばへの援助と課題〕

秋田喜代美・宮田まり子・野澤祥子(編著):『ICT を使って保育を豊かに──ワクワクがつながる＆広がる28の実践』中央法規(2022)

天野秀昭:『「遊び」の本質』(株)ジャパンマシニスト社(2022)

荒牧重人・榎井緑・江原裕美・小島祥美・清水宏吉・南野奈津子・宮島喬・山野良一(編者)大江道雅(発行者):『外国人の子ども白書【第2版】──権利・貧困・教育・文化・国籍と共生の視点から』明石書店(2017)

アンドレアス・シュライヒャー(著)・経済協力開発機構[OECD](編):『デジタル時代に向けた幼児教育・保育』明石書店(2020)

一般社団法人 保育 ICT 推進協会:『保育の周辺業務や補助業務に係る ICT 等を活用した業務システムの導入について』(2022‐2023)
https://hoiku-ict.or.jp (2023.10.8取得)

栗山七重:「外国にルーツを持つ子ども」に関する保育・支援の現状と課題──人間関係の視点から─近畿大学九州短期大学研究紀要52, p.97‐114(2022)

新宿区教育委員会:『幼稚園における指導上の配慮等に関する研究(外国籍等幼児)─特別な配慮を必要とする幼児(外国籍等幼児)への指導の在り方─』令和3年度 文部科学省委託「幼児教育の教育課題に対応した指導方法等充実調査研究(特別な配慮を必要とする幼児への指導の充実に関する調査研究)」(2022)
https://www.next.go.jp/content/220523-mxt_youji-000014566_14.pdf(2023.10.1取得)

末松加奈(編著):『幼児と児童のための教育と ICT 活用』学文社(2023)

総務省:「未就学児等の ICT 利活用に係る保護者の意識に関する調査」(2017)
https://www.soumu.go.jp/main_content/000368846.pdf(2023.10.1取得)

瀧川一廣:『子どものための精神医学』医学書院(2017)

ダナ・サスキンド(著)掛札逸美(役)高山静子(解説):『3000万語の格差』明石書房(2018)

中坪史典・山下文一・松井剛太・伊藤嘉余子・立花直樹(編集):『保育・幼児教育・子ども家庭福祉辞典』ミネルヴァ書房(2021)

秦野悦子・髙橋登(編著)『言語発達とその支援』ミネルヴァ書房(2017)

広瀬友紀:『子どもに学ぶ言葉の認知科学』筑摩書房(2022)

藤原あや・園山繁樹『わが国における保育場面で場面緘黙を示す幼児の支援に関する文献的検討』障害科学研究. 43. p.125‐136(2019)

堀彰人:「幼児期吃音に関する初期の相談の現状と課題(1)」植草学園短期大学研究紀要, 第19‐2号, p.15‐25(2018)

矢澤久史:『場面緘黙児に関する研究の展開』東海学院大学紀要2(2008)

幼児吃音臨床ガイドライン作成班:『幼児吃音臨床ガイドライン(第1版)』日本医療研究開発機構(AMED)研究開発課題(2021)
http://kitsuon-kenkyu.umin.jp/guideline/index.html (2023.10.1取得)

吉川徹(著)齊藤万比古・市川宏伸・本城秀次(監修):『ゲーム・ネットの世界から離れられない子どもたち──子どもが社会から孤立しないために─』合同出版(2021)

11章　遊びとことば

SECTION 1　遊びの中の子どものことば

Study Points　子どものことばを考えるとき，遊びと切り離して考えることはできない。子どもは遊びの中に生き，遊びの中で学ぶ。ここでは，遊びとことばがどのような関連性をもち，ことばの発達へつながっていくのかを学んでいこう。

1.　遊びを通しての総合的な指導

　『幼稚園教育要領解説』の第1章「総説」第1節「幼稚園教育の基本」3「幼稚園教育の基本に関連して重視する事項」の中で，特に重視しなければならないこととして「遊びを通しての総合的な指導が行われるようにすること」が挙げられている。遊びとは，他者から与えられるものでなく，子ども自身が選び，自ら行うものである。そう考えると，遊びを通しての総合的な指導とは，子どもの遊びに保育者が関わりながら，個々の成長発達に即した援助を行うということになる。子どものことばを育むためには，遊びとことばがどのように関わり合っているのかを学ぶことが重要である。

2.　遊びとは

　遊びとは一体何なのか。「大人にとっての遊びとは？」と聞かれたら，どのようなことを思い浮かべるだろうか。ショッピング，ドライブ，カラオケ，など人それぞれ違うだろう。大人は遊びを企画し，そして楽しみにし，今行われていることが遊びであると認識している。しかし，子どもにとっての遊びは，生活そのものであり，生活と遊びが明確に区別されていない。保育現場では，自由遊びの時間はもちろん，移動時，食事時間，午睡時など，子どもにとっては生活すべてが遊びとなるのである。

　みなさんは，強制的に遊びを強いられた経験はあるだろうか。興味関心がない遊びを無理矢理行うことほど辛いことはない。ジェットコースターが苦手な人に，何十回も乗るように勧めても楽しめないのと同じように，子ども自身の意思で遊びを選び，行っているからこそ，生き生きと楽しむことができる。遊びとは，他者から頼まれて行うようなものではないのである。

　昔から「子どもにとって，遊びは仕事である。」とよくいわれてきた。その所以は，大人が仕事を通じて自己理解や，自己研鑽をするように，子どもは遊びの中でたくさんの刺激を受け，成長するからである。

　3歳児が食事をしている際，一人の男児がスプーンを横向きに持つと，「しゅっぱつしんこう！」と新幹線に見立て車掌になりきり，遊びが始まった。それを見ていた他の男児も「まもなく発車します！プルルルー。」と，フォークを新幹線に見立ててやりとりが始まった。気づけば食卓は線路に早変わりである。食育やマナーという部分では指導が必要な事例かもしれないが，先述したように，子どもにとってはすべてが遊び，す

べてが学びの場であり，常に吸収し成長しているのである。遊びの中では，自然と感情をことばとして表し，楽しむ光景はよくある。子どもは主体的に遊ぶ中で，ことばを自由に使い，楽しみ，おもしろがる。子どものことばは，遊びを通してより育まれていく。

3. 事例から学ぶ ①

遊びとことばがどのように関わり合っていくのか，事例を見ながら考えていこう。

事例 11-1 「ア，ア！」のことばで伝わる気持ち 〔1 歳 男児 A〕

> 　園庭にて砂場遊具の動物の型に砂を入れ，遊んでいた。砂をシャベルで固めてペタペタ。この遊びを繰り返し楽しんでいる。離れたところで見ていた私と目が合った A。近くに寄ってきて，型に入れた砂を見せながら「ア，ア！」と訴えかけてきた。「すごいね！砂がいっぱい入っているね！」と声をかけると，満足げな様子。すると，もっと近くまで歩み寄ってきた A。
> 　目の前まで近づくと，砂の入った型を突然ひっくり返したのだ。もちろん型の中にあった砂はすべて下に落ちてしまった。私がびっくりした表情をすると，その顔を見てうれしそうにしている。今度は，その砂の上で「ア，ア！」と少しいたずら声で言い，私の反応を見ては足で砂を踏み固めて喜んでいた。二人で顔を見合わせて笑い合った。　　　　　　　　（私立保育園　2022年6月）

　この事例を読み，どのように感じただろうか。これは実際に筆者が体験したことである。男児 A とは，この日が初対面である。ひとりで砂遊びをしていた A だったが，知らない大人がいることに気づき，興味をもったのだろう。A は，私の反応を見ながら砂の入った型をひっくり返し，そして，今度は砂踏み遊びをしたのである。A は砂遊びをしながら，他者の共感的反応を喜んでいる。そして他者の反応に興味を感じ，遊びを変化させ，私とコミュニケーションをとろうとしていたのだろう。

　ここで A が話す「ア，ア！」ということばには，どのような思いが込められているのだろうか。「すごいでしょ。」や，「みてみて！」かもしれない。同じ「ア，ア！」ということばでも，様々な思いを想像することができる。

　筆者が通っていた手話講習会のろうあ者の先生が「コミュニケーションにおいて，ことばで伝えられることはとても少ない。表情や身振り手振りで伝わることの方が多い」と語っていた。子どもと接しているとき，この言葉をよく思い出す。ことばの発達において，相手に伝えたいという気持ちを他者が受け止め，その気持ちが伝わったという経験を繰り返していくことが重要なのである。「ア，ア！」ということばの本当の意味は，男児 A にしかわからない。しかし，その気持ちを「受け止めてもらえた」いうことの積み重ねと，大人に代弁してもらう経験が自らの気持ちを明確に伝える「ことばの獲得」へとつながっていくのである。

> 　遊びの中で，子どものことばの発達を捉えていくことが重要である。子ども主体の遊びを通して，一人ひとりのことばの育ちがみえてくる。

SECTION 2　子ども同士のことば

![Study Points] 子ども同士でのやり取りが始まると，つい耳を傾けてみたくなる。子どもたちだけの会話では，大人が介在しないことで，自由なことばが行き交っている。ことばの成長発達において，子ども同士のやり取りは欠かせない。

1.　子ども同士でのやり取りで育まれることば

　　低年齢児は，養育者との関わりを通して信頼関係を築き，模倣をしながらことばを獲得していく。4，5歳頃になると，友だちとの関わりが増え，子どものことばは，著しく発達していく。保護者から「こんなことばを教えたことはないのに。家族も誰も使っていないのに」という話はよく耳にする。子どもは，様々な環境から学び，吸収していく。子ども同士の関わりの中だからこそ育まれることばがある。

2.　事例から学ぶ ②

　　子ども同士のやり取りに注目した事例である。ことばでのやり取りに注目しよう。

事例11-2　ピザ屋ごっこ　〔4歳　女児Y〕

> 　ピザ屋ごっこの準備を始める女児Y。クラスでは継続して遊んでいるピザ屋ごっこのため，段ボールで作られたピザ窯や冷蔵庫がある。Yは，素早くエプロンを着て，準備万端である。そこへ女児Sが客としてやってきた。
> 女児Y：「いらっしゃいませ。どれにしますか。今日はこれだけなんです。すみません。」と言いながらメニューを見せ，売り切れがあることを伝える。
> 女児S：「そうですか，みんなが全部食べちゃいましたか？」
> 女児Y：「はい，そうなんです。すみません」と深々と頭を下げる。
> 女児Y：「お持ち帰りですか」，「袋はいりますか」
> 女児S：「はい，いります」
> 女児Y：レジのバーコードリーダーを使い，袋，ピザ，ドリンクをタッチしながら「ピッ，ピッ」といい，「1,000円です」といい，商品を渡す。
>
>
> 図11-1　ピ　ザ
>
> 女児Y：「おつりです。またお越しください」と頭を下げる。
> （私立保育園　2023年10月）

　　この事例は，いわゆるごっこ遊びであり，保育現場では日常的にみられる光景である。ことばの観点でみると，大変興味深い。みなさんはどこに興味をもっただろうか。

　　まず，一つ目に筆者が驚いたことは，女児Yが「今日はこれだけなんです」と売り切れがあることを伝え，遊びの中にイレギュラーな展開を取り入れたことである。そして，客の女児Sは，戸惑うかと思いきや「みんなが全部食べちゃいましたか？」と返答した。保育者から話を聞くと，ピザ屋ごっこは遊びとしてとても盛り上がったが，最近は遊びへの興味が落ち着き，この遊びをする子どもは減っているという。しかしYは，毎日のようにピザ屋ごっこを行っているのだ。継続して遊んでいるYだからこそ，独自の発想が出てくるのだろう。また，Yのイレギュラーな展開にも動じず，その内容にぴっ

たりな返答をする女児Sにも驚きを隠せない。

　そして二つ目は，「袋はいりますか」である。今の時代を感じる場面である。袋を当たり前にもらえる時代には，このような場面は見たことがない。YとSは買い物の際，保護者と店員とのやり取りをよく観察しているのだろう。だからこそ違和感なく，遊びの中で会話が続いていく。子どもの遊びには，日常の生活がそのまま現れる。子どもの遊びを観察していると，家庭でどのように過ごしているのかが想像できるほどである。これは実体験を遊びに投影しているのだ。

　子ども同士での会話では，本来のことばの意味を理解して使っているのか，疑問に思う場面をしばしば見かける。大人が聞いていれば，「そのことばはね，こういう意味だよ」などと，ことばの意味を教えるだろう。しかし，子ども同士では，ことばの意味よりも，そのことばのもつ音の響きのおもしろさや，遊びに必要なことばなのか，という点が重視される。また，子ども同士での会話では，ことばの意味の違いや使い方の間違いを指摘する場面は，ほとんどみかけない。ことばの意味を知って使うことは大切だが，子ども同士の関わりの中で「好きなことばを，好きなときに，好きなだけ，使ってみる」という経験が，様々なことばを覚え，話したいという気持ちにつながっていく。

3. ことばの獲得

　みなさんは，ネットショッピングをしたことがあると思う。筆者は，ネットショッピングの際，まず気になったものをカートに入れる。そして，その中で再度厳選し，購入している。

　ネットショッピングをしたことがある人なら経験があるだろう。子どものことばの獲得は，ネットショッピングと似ているように感じる。

　子どもは，生活の中で他者との関わりを通し，たくさんのことばを浴びている。そして，見聞きしたことばの中で，うれしいことばや楽しいことば，ときには人を傷つけてしまうようなことばさえも，カートに入れていく。そして，子どもは，カートに入れたことばを遊びや生活の中で使ってみる。その過程で，一つひとつのことばのもつ意味の良し悪しを理解せず，使うことも多々あるだろう。しかし，この作業こそが，ことばのもつ本来の意味や使い方を知ることにつながり，カート内のことばを厳選していくことにつながる。この作業は，ことばを獲得していくうえで重要なプロセスであるということを理解したうえで，保育者は子どもと関わることが求められるのである。

図11-2　ことばの獲得

　子ども同士の関わりを通して，ことばの獲得は著しく加速し，その中で必要なことばを選んでいく。ことばの意味を理解して話すことは必要なことだが，子ども同士のやり取りを通して，会話をする喜びを感じることが最も重要である。

SECTION 3　言葉遊びと手遊び

Study Points　子どものことばを育む言葉遊び・手遊びには，どのようなものがあるのか。保育者と子ども，子ども同士でやりとりを楽しめる実践を紹介していく。それぞれの遊びに，どのような保育効果があるのかを学び習得しよう。

1.　ことばが豊かになるには

　『幼稚園教育要領解説』の第2章「内容の取り扱い」(4)には，「幼児の生活の中で，言葉の響きやリズム，新しい言葉や表現などに触れ，これらを使う楽しさを味わえるようにすること。その際，絵本や物語に親しんだり，言葉遊びなどをしたりすることを通して，言葉が豊かになるようにすること。」と記されている。言葉が豊かになるようにするため，保育者は，関わっている子どものことばがどのような育ちにあるのかを的確に捉えていく。そして，子どもたちが新たなことばを知る機会をつくったり，ことばへの興味が広がったりするよう援助していくことが求められる。

　そのためには，様々な言葉遊びや手遊びを活かしながら，子どもたちの育ちに最適な遊びを提供できる保育者でありたい。

2.　言葉遊び

　言葉遊びは，ことばのもつおもしろさを感じることが一番の目的である。何より大好きな保育者や友だちとやり取りする喜びを感じられるひとときでありたい。

　会話はもちろん，文字や数字への興味関心にもつながっていく。

（1）「モノ・人」さがし（2歳頃から）

　リズムに合わせ，モノや人の名称を言い，どこにあるのか指さし，やり取りを楽しむゲームである。

　● モノバージョン

　　　　保育者：いす　いすはどこでしょう？

　　　　子ども：ここです　ここです　ここですよ

　● 人バージョン

　　　　保育者：Aちゃん　Aちゃんはどこでしょう？

　　　　子ども：ここです　ここです　ここですよ

　ポイント　簡単な遊びであるが，モノの名前と実際の対象物が一致していないこともある。答えが曖昧な子どもにとっても名称と対象物が結びつくきっかけとなる遊びである。周囲の人への興味が出てくる時期に行うと，保育者や友だちの名前にもつ機会にもなる。

（2）　仲間の言葉さがし（4歳頃から）

　頭文字が同じ音のことばを探すゲームである。

保育者：「『あ』のつくことばはなーんだ？」

子ども：「あり（蟻），あし（足），あめ（雨），あめ（飴），あき（秋）」など，思いつくもの
を順に言っていく。

ポイント 同じ頭文字のことばがたくさんあることに気づき，語彙が増えていく。ことばへの興味が
ない子どもも，ことばの仲間探しは参加しやすい。

(3) さかさ言葉当てゲーム（5歳頃から）

子どもたちの馴染みのことばを逆さから伝え，本来のことばを当てる。

例〕 たぶ→ぶた，ちんえうゆ→ゆうえんち

ポイント ことばだけを聞き，頭の中で逆さから読むため，難易度は高い。年長児など，ことばへの
興味が増してくる時期に行うと，子ども同士でも行ったり，保護者とクイズ形式で問題を出し合っ
たりして遊ぶこともできる。

3. 手遊び

ここでは，ことばの発達に視点をおいた手遊びを紹介していく。

(1) あたまかたひざぽん

昔からある手遊びであり，低年齢児から楽しめるものである。からだの部位を歌詞に
のせて知ることができる。

「あたま　かた　ひざ　ぽん　　　　ひざ　ぽん　ひざ　ぽん
あたま　かた　ひざ　ぽん　　　　ては　あたま」

ポイント 顔の部位に限定し，「まぶた　くち　はな　め　はな　め　はな　め」など，アレンジして
やってみると，部位の名前に興味をもつことができる。

(2) やおやのおみせ

八百屋に売っているもののときは「あるある」と言い，売っていないもののときは「な
いない」と言う。八百屋に売っているものを考え，物の分類を知ることができる。

「やおやの　おみせに　ならんだ　しなもの　みてごらん　よくみてごらん
かんがえてごらん　りんご　あるある　だいこん　あるある　くるま　ないない」

ポイント 慣れてきたら，「パン屋」，「おもちゃ屋」，「洋服屋」などで行ってもよい。また「○○組に
いるお友だちはだれでしょう　よくみてごらん　かんがえてごらん　○○ちゃん　いるいる　○○
くん　いないいない」のようにすると，クラスの仲間を知るきっかけにもなる。

言葉遊びや手遊びは様々な種類がある。保育の中で，どのようなねらいをもち，行うかが重要
である。現場では，保育者の引き出しが大切だと言われるが，このような活動は，次の活動への
切り替えとして行われることも少なくない。しかし，保育活動である以上，子どもたちにとって
つなぎ的な活動など存在しない。「遊び」である以上，子ども自身が楽しみ，おもしろがることで，
より言葉の発達が促される活動でありたい。

SECTION 4　わらべうた

Study Points　わらべうた遊びは，手をつなぎ，触れ合い，歌やリズム，顔を合わせ，言葉をかけ合って成立する。現在にこそ必要とされるものなので，保育に取り入れられるよう学び習得しよう。

1.　先人たちの知恵

　童謡や唱歌は子どものために作られ，作者がいるが，わらべうたは，テレビもラジオもない時代から，作者不詳で歌い継がれてきた。人が生きるために，生活の中で必要とされてきたわらべうたは，子育てやしつけに役立ち，子どもの心の育ちを支えてきた。

2.　子どもの発達に合った応答的な遊び

　不快感情を感じている赤ちゃんが，愛情を感じとれるのは，大人の温かな肉声と肌の触れ合いからである。それらによって信頼関係を育む大切な時期のわらべうたは，あやして遊んだり，からだの色々なところに触れて心地よさを感じたりするわらべうた（からだを揺すったり，くすぐったり，物を動かして見せたりと，五感を刺激し，ことばがなくても気持ちが通じ合い，愛着関係が深まる）などであり，多く存在する。

　0歳クラスで泣いている子がいたら「ちょちちょち　あわわ　かいぐりかいぐりとっとのめ」と歌ってあげると，じっと手の動きを見つめる。そして歌い手の表情や声に引き込まれるように泣き止む。繰り返す内に，ちょちちょち（手を叩く），あわわ（手を口にやる），かいぐりかいぐり（手を回す），とっとのめ（指一本をだす）とまねるようになる。子どもが自ら手を動かし，遊びを共有する。この手の動きは1歳前後の発達に合っている。他にも記憶が可能となる6か月頃の子どもに，「いないないばー遊び」が多くみられるなど，わらべ遊びには応答的で発達に合った遊びが多い。先人たちが子育ての中で歌っていた遊びの中でも，このような遊びが現在まで伝承されているのである。

　2～3歳は，順番，交代，所有の区別などを理解し，社会性が育つ年齢であるが，自分の思いが先行し，集団の中で自分をコントロールするのが難しい。しかし，わらべうた遊びの中ではルールを守ったり，役を交代したり，待つことを楽しむ姿がみられる。ことばの数が増え，想像力が豊かになり，ごっこ遊びを楽しめるこの年齢が，わらべうたを最も楽しめる時期である。遊びに登場する，ねずみやかえるになりきって楽しく遊ぶ。

　4～5歳になると，集団で楽しむ姿が多くみられる。隊形変化や，渦巻き，門くぐり，鬼ごっこ，縄跳び，お手玉など，内容も高度になる。例えば「はないちもんめ」の遊びでは，グループ分け，相談と合意，リズム，歌と動きの一致，ルールを守る，勝敗や数の増減などの理解が必要となる。子どもが遊びを進めることで，ことばの育ちはもちろん，思いやりの気持ちが育まれ，遊び終えたときの充実感が自信になり，10の姿に通じる力が育つ。

　わらべうた遊びは，現代社会が苦手とする，人と関わる力を育てる。乳幼児の発達特性，「遊びながら学ぶ」，「気持ちを育くむ」に合った遊びの要素を多くもつのである。

SECTION 5　劇あそび

劇あそびとは，子どもに教え込んで行うような活動ではないということを最初に理解しよう。子ども主体の劇あそびとは何かを学んでいこう。

1. 劇あそびとは

　現行の要領・指針の第2章「ねらい及び内容」「表現」には，劇あそびに関する記載はないが，「演じて遊んだりする」との記載がある。劇あそびは，まさしく演じて遊ぶ保育活動であるため，数多くの保育現場で実践されている。劇あそびとは，ごっこ遊びの延長線上にあり，ストーリー性のある子ども主体の遊びである。

　子ども同士で展開される遊びの場合，それぞれの興味・関心が異なるため，イメージを共有しきれず，遊びが最も楽しく，おもしろく，熟す前に，消えてしまうことがある。しかし，保育者が介入する劇あそびは，遊びに刺激を与えたり，ときには障壁となったりと，遊びに緩急がつく。子どもたちの興味・関心のある遊びに保育者が飛び込んで，相互的に関わりながら遊びを展開していくのである。つまり，遊びを通した総合的な指導ができる保育活動が劇あそびなのである。劇あそびは，名前の通り遊びである。遊びである以上，だれかに見せることを主軸に置いた活動ではなく，子どもたちの成長・発達のための活動であるべきである。しかし，劇あそびと称し，見栄や型を意識した劇活動を行っている園も少なくない。劇あそびの本来の意義や保育効果をしっかりと理解し実践することが重要である。

2. 事例から学ぶ ③

事例11-3　海ごっこ　〜保育室や廊下を海にして遊ぶ〜

○保育者が足元の水に触れるしぐさをし，「冷たい！」「しょっぱい！なんだろう？」という。
●子どもたちから「海かもしれない！」などの声があがる（子どものイメージをたくさん聞き，共にイメージを広げていくことが大事）。
○「そうだ，きっと海だね！部屋（トイレまでの廊下）が海になっちゃった。どうしよう，深いし，これじゃ溺れてしまうよ」
●「泳いでいけばいいんじゃない？」「船を作ろう！」「魚に変身するから大丈夫！」などそれぞれのイメージを言う。それぞれ好きなものになりきり，海をわたる。

ポイント　何かを身にまとう必要もなく，時間も5〜10分程度で行える。2歳児ぐらいから遊べるが，イメージの共有を楽しめる5歳児で行うと内容が深まり，友だちとの関わりも広がる。継続して遊ぶと，「サメが来た！」「釣りをしたい。」など，子どもからたくさんのイメージが出てくる。劇あそびにおいて重要なことは，子どもがハンドルを握り，保育者はナビゲーターに過ぎない。子ども主体の遊びの中に保育者が参加しているということを忘れてはいけない。まずは子どものイメージの世界に保育者が入り，一緒に劇あそびを楽しんでみよう。

　劇あそびを行ううえで，子ども一人ひとりの成長・発達を捉えることが重要であり，保育の本質が劇あそびにはある。

12章　保育者のことば

SECTION 1　美しい日本語を基本とした保育者のことば

 日本語で保育を行う保育者に求められることばについて考える。
　「美しい日本語とは？」この問いの答えは一つではなく，その定義はいろいろ挙げられているが，ここでは「心のこもったことば」，「自然と深い関わりのあることば」，「日本語を特色づけている擬音語，擬態語」について考えてみよう。

1.　心のこもったことば

（1）　AI 使用の影響

　近年，家庭の中にも AI が入り込み，人びとは便利に使うようになった。このことは生活を豊かにしたが，子どもの育ちに影響を及ぼしている可能性がある。子どもたちは AI の使い方を自然に覚え，例えば，遊びの中で「OK Google，クーラーつけて」と言ったり，「昨日 AI としりとりをしたよ」などと発言したりする。これらの声を耳にすると，遊びの中に AI を使いこなしているようで，微笑ましく思う一方，現在のような環境で育つ子どもたちには，人とのことばのやり取りの経験が不足し，心のこもったことばに触れる機会が少なくなっているのではないかとの懸念が生じる。このことは，日本だけの課題ではないと思われるが，日本の保育者，保護者からも多くの心配の声が聞こえてくる。それゆえに園では，子どもたちがたくさん，あたたかなことばに触れる機会をつくることが必要である。

　人に何かを頼むときには気持ちをこめるということなど，心のこもったことばが身につく環境でありたい。

（2）　「ごめんなさい」，「ありがとう」

　子ども同士がけんかをする場面において，「ごめんなさいは？」と，謝ることを強要する大人を時々見かける。

　しかしながら，人から言うように求められて言う「ごめんなさい」に心がこもるであろうか。本来は「相手にかわいそうなことをした」，「つい，言ってはいけないことを言ってしまった」など，子ども自身が気づくことが大切である。保育者は，裁判官のように「よい・わるい」を決めるのではなく，子ども自身が考えられるようなことばをかけるべきなのである。

　「おはようございます」，「さようなら」，「いただきます」などの挨拶も形式的なものではなく，気持ちがこもるような挨拶を心がけたい。短い時間で敬意や感謝を表すことのできる挨拶が，気持ちのよいものだと子どもが感じられるような環境づくりが大切である。

（3）　心地よいことば

　子どもたちのおうちごっこをみていると，思わず笑ってしまうようなことばが聞こえてくることがある。例えば，お母さん役の子どもがお姉さん役の子どもに対して「勉強しなさい。高いお金払って，学校に行っているのだから……」などである。子どもは大人の会話を聞いていることがわかる。子どもは身近な信頼を寄せる大人のことばを模倣し，自分のものにしていくのである。

　それゆえに，大人は子どもが聞いていることを意識しなければならない。

　会話の内容もさることながら一つひとつのことばについても，周囲の大人は，子どもが聞いて心地よいことば，思いやりのある優しいことば，正しいことばを使えるよう，自分のことばを磨いていきたいものである。

① 　敬語について

　心地よいことば，思いやりのある優しいことば，正しいことばを考慮するうえで，ここでは敬語についてとり挙げる。敬語は相手に敬意を表すことばである。敬語を用いて相手への気配りを表すことは，よりよい人間関係の構築につながる。16歳以上の男女3,000人を対象とした，文化庁の「国語に関する世論調査」（2015）では，「敬語は簡単でわかりやすいものであるべき」という意見が26％であったのに対し，「敬語は伝統的な美しい日本語として，豊かな表現が大切にされるべき」が64％と，大きく上回っており，多くの人々が敬語を大切に思っていることがわかる。保護者と話すときなど，気持ちのよい会話になるよう正しく敬語を使うように心がけたい。

　敬語は「いらっしゃる」，「なさる」などの尊敬語，「申し上げる」，「差し上げる」などの謙譲語，「〜です」，「〜でございます」などの丁寧語がある（表12-1）。

表12-1　敬語の種類

尊敬語	尊敬語	相手の側または第三者の行為・ものごと・状態などについて，その人物を立てて述べるもの (例)いらっしゃる（行く・来る・いる）／召し上がる（食べる・飲む）／ご意見（意見）
謙譲語	謙譲語Ⅰ	自分側から相手側または第三者に向かう行為・ものごとなどについて，その向かう先の人物を立てて述べるもの (例)伺う（尋ねる・聞く・訪ねる）／申し上げる（言う）／拝見する（見る）
	謙譲語Ⅱ	自分側の行為・ものごとなどを，聞き手に対して丁寧に述べるもの (例)参る（行く・来る）／申す（言う）／致す（する）
丁寧語	丁寧語	語尾を丁寧にして聞き手に敬意を伝えるもの (例)〜です／〜ます／〜でございます
	美化後	話し手が，ものごとを美化して述べるもの (例)お花／ご飯／お料理／お化粧

② 　正しい日本語

　正しい日本語についても考えてみよう。

　以前は家の人と共に買い物行く子どもが，大人の会話を耳にし，自然に物の数え方などを覚えていた。例えば「お豆腐一丁ください」，「ほうれんそう一把ください」など。現在は，セルフレジやネットショッピングで買い物をすることが増え，ことばを発する

ことなく物を購入することができる。このような環境で育つ子どもには，体験としてことばを知る機会が少ない。それゆえに園の中で様々な経験をしてほしい。保育者は子どもが遊びや生活，絵本などを通して様々な体験をし，多くのことばを耳にできるように心がけるべきである。

正しい日本語を用いて心のこもった話ができるような子どもを育てたい。

2. 自然と深い関わりのあることば

自然と深い関わりのある美しい日本語は多くある。例えば，雨を表すことばは，春雨*，入梅，夕立*，秋雨*，雪時雨*など，400以上ある。季節を表すものも多く，四季のある日本で，昔から人々が自然と深い関わりをもって生活してきたことがわかる。いま降ってる雨を表すことばを選べるような，大人の表現の豊かさは，子どもの想像性にも影響を及ぼすであろう。私たち大人が表現力を養うためには，日々の生活の中で，季節の花を愛でたり，旬の食べ物を味わったり，季節を感じながら生活することが大切である。

*春雨：春にしとしとと降る細かい雨
　夕立：多くの夏の夕方に，短時間に激しく降る雨
　秋雨：夏の終わりから1か月頃にかけて降る長雨
　雪時雨：秋の終わりにしぐれている状態で次第に気温が下がり雪になること(雪まじりの雨)

先に雨を表すことばについて例を挙げたが，子どもの歌にも様々な雨の表現がある。「あめあめ　ふれふれ　かあさんが　じゃのめでおむかえうれしいな　ぴちぴちちゃぶちゃぶ　らんらんらん」(『あめふり』詞，北原白秋／曲，中山晋平)や，「あまだれぽったんぽったんたん　つぎつぎならんでぽったんたん　ぽったんころころどこへゆく」(『あまだれぽったん』詞／曲，一宮道子)などである。

様々なことばからその情景を想像することを子どもと共に楽しみたい。

3. 日本語を特色づけている擬音語・擬態語

日本語には様子や状態を表す擬音語，擬態語が豊富であり，保育の現場でも多く用いられる。しかしながら，いつも同じことばを使ってしまうという人も少なくない。例えば，子どもが笑っていることを表す場合も，「にこにこ」，「あははは」，「えへへへ」，「にやにや」など，様々なことばがある。穏やかに笑うのか，朗らかに笑うのか，おなかを抱えて笑うのか，などを表す多くのことばを使いこなすことができたなら，話がより生きいきとしたものになろう。

詳細について学ぶために『敬語の指針』(文化審議会答申，2007)などを学んでみよう。

日本語で保育を実践する保育者は，美しい日本語として「ここでは心のこもったことば」，「自然と深い関わりのあることば」，「日本語を特色づけている擬音語・擬態語」について考慮し，子どもと共に生きいきとしたコミュニケーションをとってほしい。

SECTION 2　子どもにことばをかけるとき

Study Points　子どもは保育者との会話の中で，保育者のことばの意味を情緒的・身体的に知っていく。その言葉にこもった気持ち，愛情を感じ，育つ。保育者のことばは，子どもの成長に，考え方に大きな影響を与えるのである。保育者は日頃より感性を磨き，人間性を高められるよう努め，保育の中で豊かな表現ができるようにしたい。ここでは保育者として，子どもにことばをかける際に留意すべきことは何かを学ぼう。

1.　子どもの声に耳を傾けて

　　かつて林建造は，子どもの絵を見て「上手・下手」といわないようにと提案した（林，1979）。確かに子どもの表現は，「上手・下手」と判断されるものではないが，「上手ね」とことばをかけたくなるときはある。それでは，どのようにことばをかけたらよいのか。明確な答えがあるわけではないが，「とてもきれいなお花ね。よい匂いがしてきそう」，「素敵な車ね。速く走れそうね」，「おばあさんのお家へ行ったときのことを描いたのね。とても優しそうなおばあさんね。こんなにおいしそうなごちそうをつくってくださったのね。」など，一人ひとりの表現を受け入れて，それに応じたことばをかけることを提案する。同じものを描いても，表現は人によって様々である。一つひとつの表現を受け止めてことばをかけると，子どもとの信頼関係も深まるであろう。

　　描画の場面に限らず，どのような場面においても，まずは子ども一人ひとりを知ろうとし，子どもの声（声にならないことばも含む）に耳を傾け，受け止めることが重要である。このような保育者の丁寧な関わりは子どもたちに伝わり，やがては子どもたちのものを見る目が丁寧になってくる。

2.　一人ひとりに丁寧に

　　保育の現場においては，「○○組さん」など，子どもたちを集団として呼ぶことがる。しかし，そればかりではなく，様々な場面において，一人ひとりの名前を呼びながら，子どもと多くの会話をもちたい。

　　例えば，低年齢児クラスでは，食事のときにおしぼりやお茶を保育者が配るが，素早く配ることを優先するのではなく，「○○ちゃんどうぞ，お待たせしました」などとことばをかけながら配ると，子どもたちも笑顔で「ありがとう」と言いたい気持になる。日常の何気ない場面が子どもの育ちに大きく影響を及ぼすのである。効率ではなく効果の上がる保育を目指しながら，子どもにことばをかけたい。

3.　仲間として

　　5～6歳になると子どもは様々なことを理解するようになる。保育者が，子どもとなかまとして，ともに遊びを展開する場面も増える。新しい遊びを考えたり，活動が楽しくなるよう話し合ったりすることも多くなる。その中において保育者は，子ども同士の話し合いを見守ることもあるが，参加することもある。子どもは時に，大人を驚かせる

ような人を気遣う発言をしたり，何か問題が起きたときに，解決のためのよいアイデア
を述べたりする。

　このようなことを理解している保育者は，子どもと話をするときに，必要以上に子ど
も扱いをしない。例えば，話をする際に，物や生き物に「お」や「さん」を，極端に多く
つけることはしない（おつくえ，おいす，おさるさんなど）。相互的な営みの中で，子
どもと保育者は互いに思考し，共に成長していく。

4. 子どもを伸ばす援助，ことば

　上記のことがすべての基盤となるが，ここでは，さらに具体的な保育者のことばに関
する提案を紹介する。

　子どもは自発的・主体的な遊びを通して思考力や想像力を育んでいる。また，語彙力
についての研究も進んでおり，「小学校の教育を先取りして文字を教えたり，計算をや
らせたり，英会話の体験の時間を設けている幼稚園や保育園に比べて，子どもの自発的
な遊びを大切にしている幼稚園や保育園の方が語彙力得点は高く，年長になるほど，そ
の差は広がっている」ことが明らかになっている(内田, 2017)。ここでは遊びの中で，保
育者が心がけたい具体的なことばについての提案を示す。ことばの機能の一つとして，
思考機能があるが，その点を伸ばすためにも，子どもが考え，判断する余地を残すよう
なことばをかけることが大切ということである。

　以下は，子どもを伸ばす援助，ことばのかけ方についての内田の提案である。重要な
提案であり，子どもの発達を促すうえで，保育者に心がけてほしい内容である。
① 　まず子どもに寄り添ってください。安全基地になってほしいと思います。
② 　ほかの子とは比べない。その子自身の進歩を認め，ほめていただきたいと思います。
　　3つのH–「ほめる」「はげます」「（視野を）ひろげる」，ことばかけをしていただきたい
　　と思います。
③ 　生き字引のように余すところなく定義や回答を与えない。
④ 　裁判官のように判決を下さない。「禁止」や「命令」ではなく，「〜したら？」という
　　「提案」の形で言葉をかけてほしいと思います。
⑤ 　何よりも大事なのは，子ども自身の考え，判断する余地を残すこと。このような関
　　わりの中で自律的な思考力，そして創造的な想像力が身についていきます。
⑥ 　最後に，「待ちの子育て」をお勧めしたいと思います。

　　第1回　江戸川大学こどもコミュニケーションフォーラム子どもの創造的想像力を育む—子どもを伸ばす親の関わり：
　　子どもの主体性を大切に—より

　　子どもが考え，判断する余地を残すようなことばをかけることが大切である。
　　また一人ひとりを理解しようとしながら，子どもの声に耳を傾けるよう努め，受け入れ，個々
　に応じたことばをかけることが重要である。

SECTION 3　保育の記録

 保育の記録の必要性について理解し，その方法について知ろう。

1. 記録の意味

　　保育の現場で求められる「主体的・対話的で深い学び」を実践するためには，保育者が子どもの興味や関心を受け止めて，子どもが主体的に活動できる環境を構成し，ことばをかけるなどの援助を行うことが必要とされる。そのために保育者は日々の子どもの姿を観察し，記録し，育ちを読みとりながら，子ども理解を深めていく必要がある。子ども理解は保育者の重要な専門性の一つであり，保育記録はその深化のために必要なのである。

2. 記録の種類と方法

　　記録には，メモ，日誌，個人記録，面談記録，連絡帳，「幼稚園幼児指導要録」，「保育所児童保育要録」，「幼保連携型認定こども園園児指導要録」などに加え，写真や動画などの記録もある。記録の方法としては，事実をありのままに，主観を交えずに記録する観察的な記録と，保育者の考えたことや感じたことなども含まれる実践記録がある。実践記録については，まず，子どもの姿や言動を読みとり，次にその意味を考え，明日の保育にいかに活かすかを考えて書く。多くの語彙を用いて，子どもの生き生きとした姿が伝わるように心がける。

　　近年，撮影した写真と，子どものつぶやきや活動内容などのエピソードを合わせて記録する保育ドキュメンテーションや，ポートフォリオなどが多く用いられるようになった。写真は子どもの魅力を見いだし，そこに添えることばは，その姿を如何に読みとったかを示す。そのため添えることばは，子どもの心情や保育について伝えるために，大変重要なものであるといえる。なお，写真や動画については，個人情報保護の視点からあらかじめ保護者の意向を確認しておく必要がある。

3. 記録を活かす

　　記録は明日の保育に活かされる他，「幼稚園幼児指導要録」，「保育所児童保育要録」，「幼保連携型認定こども園園児指導要録」や園内研修，指導計画にも活かされる。また家庭との連携にも用いられる。現在，保育者の業務軽減化を図るため「保育現場のICT化」が進み，保育の現場では，見守りカメラ他，様々なシステムが利用されるようになった。そのため，ドキュメンテーションなどもシステムを用いて保護者に提供しやすいようになっている。

　　子ども理解を深めていくために保育記録は必要である。記録の方法には観察的な記録と実践記録がある。実践記録については，まず子どもの姿や言動を読みとり，次にその姿や言動の意味を考え，明日の保育にどのように活かすかを考えていくことが大切である。

13章　児童文化財と保育への展開

SECTION 1　児童文化とは

 児童文化について知り，児童文化財の幅広さを学ぼう。そして子どものための児童文化財を作成しよう。

これは絵本ナビの
QR コードである。
気になった絵本など
を調べてみよう。

1.　児童文化，児童文化財

　一般に，子どもたちの周りにある，成長や発達の過程に関わるものを児童文化という。そこで生み出される様々なものを，児童文化財とよぶ。児童文化財については，大人が子どものために作り，与えたものとして，次の3種類と捉えられることが多い。

① **児童文化財**　子どものための文学，音楽，演劇，舞踊，映画，放送，玩具，遊具など。
② **児童文化施設**　児童館，児童公園，図書館，博物館，動物園，遊園地など。
③ **児童文化活動**　本，絵本，おはなしなどの読み聞かせ，語り，人形劇の上演など。

　子どもは与えられるばかりではない。発想豊かな子どもは，遊びの中で文化を生み出す。例えば，その幼稚園だけに伝わる遊びである。

　ある幼稚園では毎年，氷鬼とバナナ鬼をミックスした遊びを子どもたちが楽しんでいる。鬼に捕まった子どもはバナナになっても氷になってもよいのである。バナナになった子どもを助ける仲間は，バナナの皮をむく動作をし，氷になった子どもを助けるなかまは，氷を溶かす動作をするという，子どもが考えたルールだそうだ。毎年いろいろな形のバナナや氷を表現する子どもがいて，楽しい遊びであるという。このように園独自の遊びが発展・伝承されているということは，子どもが文化を育んでいるといえよう。遊びによっては，おもちゃや，おはなしをつくるなど，遊びに用いるものを子どもたちが考え，児童文化財を生み出すこともある。このようなことを意識しながら，改めて子どもの遊びを観察してみると，子どもの世界のすばらしさや，遊びの中の学びを再確認できる。

　ここでは，保育現場で多く活用されている，ことばの育ちに関わりのある児童文化財とその扱いについてとり挙げる。それは主におはなしを伝える児童文化財で，子どもの想像力や思考力，情操を養い，知的な関心を育んだり，語彙を豊かにし，ことばで表現する力を育てたりする。児童文化財の魅力，幅広さ，奥深さを理解し，子どもと楽しみを共有できるようにしたい。

　文化財の内，形のあるものを有形文化財，人づてに伝えていくものを無形文化財というが，ここでは，形のある児童文化財の作成方法なども示す。子どものために文化財を作り出すことも体験し，世界に一つだけの教材を作る楽しさや，それを多くの子どもたちに楽しんでもらう喜びを味わおう。

> 　児童文化とは，子どもたちの周りにある，成長や発達の過程に関わるものである。児童文化財は，大人が子どものためにつくったものとして，捉えられることが多いが，子どもが生み出すものもある。

SECTION 2 絵本，読み聞かせ

 絵本についてその特性を理解し，子どもと楽しみを共有することを目指そう。

1. 絵本とは

　　絵本は，作家がことばや絵で自身の世界を表現したもので，読み手は作家の世界に入り込んで，喜び，悲しさ，不思議さなどを感じる。子どもはひとりで楽しむこともあるし，信頼を寄せる人と一緒に楽しむこともある。例えば，担任の先生の膝の上で読んでもらったり，養育者に寝る前に読んでもらったりするのである。じっくりと絵をみて，描かれていることを細かいところまで味わう。このような見方が本来の絵本の見方である。絵本はもともと集団で見るようにつくられたものではないのである。それでも幼稚園や保育所では，友たちと一緒に絵本を楽しむ場面が多くあり，大勢で楽しめるものも多く存在する。

　　絵本の形や大きさは様々である。その絵本が表現したい世界を最大限に活かすために考えられているのである。ページをめくることでおはなしが進行し，読み手はワクワクしながらめくる。読み手がおはなしを楽しめるよう様々な工夫がなされており，見開きが一場面になっているものもあれば，片面のものもある。また本文だけではなく，表紙，見返し，扉，後ろ扉，裏表紙までに意味がもたされており，読み聞かせる際には，しっかり見せることが大切である。

2. 絵本の種類

① **赤ちゃん絵本**　主に0～2歳児が出会う本。単純なおはなしで，絵がはっきり描かれている。読み手が語りかけることでコミュニケーションが形成される。
② **物語絵本**　絵と言葉でストーリーが展開される。
③ **昔話・民話絵本**　昔話や語り継がれてきたおはなしが題材になっている。
④ **知識絵本**　子どもに事物や事柄についての知識を与える絵本
その他にも仕掛け絵本，写真の絵本，文字のない絵本などがある。

3. 読み聞かせの留意点

＜選　書＞
●子どもの興味や関心，発達（4.各年齢の子どもに薦めたい絵本を参照のこと）などを考慮し，絵本を選ぶ。優れた絵と文，物語が描かれているものを選びたい。

＜準　備＞
●まずは十分に絵を見て，下読みをする。実際に声に出して読んでおくことも大切である。セリフの部分をそれほどオーバーに表現する必要はない。

＜読み聞かせの環境＞
●子どもたちが椅子に座っていたら立ち，床に座っていたら椅子に座って読む。絵本の

大きさを考慮し，全員がよく見える位置にいるか確認することが必要である。

● 読み手の後ろに窓があって，人の動きが見えたり，強い光が差し込んでいたりすると，子どもが集中してみることができなくなることもあるので，配慮が必要である。

＜読み聞かせをする際の留意点＞

● 片手で本の綴じのところを持ち，ページをめくるときは，できるだけ自身の手や腕で絵が隠れることのないよう気をつける。

● 絵本を読み始めるときは，導入として，絵本の内容に関する話や簡単な手遊びをすることがある。いずれにしても，あまり長くなりすぎないようにし，絵本に気持ちが向くような導入を心がけたい。

● 読み終わった後，保育者が，子どもに感想などを無理に言わせたり，教訓のようなことを伝えたりすることはよくない。余韻を楽しむ時間をつくることも大切である。

4. 各年齢の子どもに薦めたい絵本 ※各絵本については，絵本ナビや巻末の参考文献を参照のこと。

① 0～2歳児

　遊びが広がる絵本として，松谷みよ子 あかちゃんの本，『いないいないばあ』，『いいおかお』など，五味太郎の『きんぎょがにげた』，かがくいひろしの『だるまさんが』や，身近なものが主題となった平井和子の『くだもの』などが好まれている。

② 3歳児

　話す，聞く力が育まれ，絵本の読み聞かせを楽しめるようになる。題材としては子どもたちがよく知っているものや大好きなものがよい。単純な繰り返しの出てくるものを好むので，北欧民話の『3びきのやぎのがらがらどん』や，ウクライナ民話の『てぶくろ』などが好まれる。

③ 4歳児

　イメージする力や知ろうとする力が育ってきており，物語絵本などを楽しむようになる。欲張ることやその報いの恐ろしさが描かれている『はなさかじいさん』や『かちかちやま』など，長めの昔話も楽しむようになる。自信がついてくるので自分もやってみたいと思える，林明子の『はじめてのおつかい』なども好まれる。

④ 5歳児

　時間の流れや物事の因果関係が理解できるように育ってきており，起承転結のある絵本の世界を楽しむ。また，知識を絵本から学びとる子どももいる。レオ・レオニの『スイミー』，加古里子の『はははのはなし』などは薦めたい。

　まだまだよい本は多くある。目安になる年齢は記したが，こだわり過ぎずに，子どもが好きなものを読むとよい。

　　絵本は，作家がことばや絵で自身の世界を表現したもので，読み手は作家の世界に入り込んで，喜び，悲しさ，不思議さなどを感じる。特性，魅力を理解し，保育に活かしていきたい。日頃より多くの作品に触れ，保育者自身が楽しんでいたいものである。

SECTION 3　紙芝居，読み聞かせ

　紙芝居の特性を理解し，子どもと楽しみを共有することを目指そう。

1.　紙芝居とは

　　紙芝居は日本特有の児童文化財で，集団でみるものとして作られている。作家が表現した世界を，見る人と演者が共有できる。多くの人が一緒に見られるよう，やや遠くからも見やすい単純な絵が描かれていたり，場面によっては強調して描かれたりしている。文字が絵の後ろに書かれているので，見る人と演者が向かい合うことができ，コミュニケーションをとりやすく，見る子どもには，共感の感性が育まれると期待できる。

　　昭和初期の紙芝居は，街頭で飴や駄菓子を売って演じられ，街頭紙芝居とよばれていた。子どもたちはお菓子を食べながら見た。やがて高橋五山（1888 - 1965）により教育的な幼稚園紙芝居がつくられ，現在保育で活用されている紙芝居のルーツとなった。

　　紙芝居は，戦時中に戦争協力のために利用されることもあったが，戦後，焼け野原で子どもたちの娯楽として復活した。保育の現場では，現在多くの紙芝居が活用されているが，街頭紙芝居はテレビの普及などにより衰退していった。

2.　紙芝居の種類

　①　**物語完結型**　物語が展開されている。
　②　**参加型**　見る人が参加して一緒に考えたり遊んだりする。
　　保育の現場では，災害や自然の問題などを題材にしたものを活用することもある。

3.　演じる際の留意点　　　　　　　　　　（紙芝居は「読む」ではなく，「演じる」という）

＜準　備＞
- 演出ノートを参考に下読みをしておく。演出ノートには「速く抜く」，「ゆっくり抜く」など，抜き方についても書かれているので確認しておく。

＜読み聞かせをする際の留意点＞
- 舞台を用いることで，子どもたちの集中を引き出すことができる。用いない場合は，左手で中央を持ち，右手で抜く（右利きの場合）。紙芝居が揺れないように気をつける。
- 演者の顔が紙芝居の後ろに隠れてしまうと，声も通りにくくなる他，子どもたちの表情が見えなくなるため，見る人からみて左側に顔を出すようにする（右利きの場合）。

　　　（選書，環境，導入，演じ終わったときのことなどは SECTION 2．絵本・読み聞かせの3を参照のこと）

　　紙芝居は日本特有の児童文化財で，集団で見るものとして作られている。作家が表現した世界を，見る人と演者が共有できる。紙芝居の特性や魅力を理解したうえで，保育に活かしていくことが大切である。

SECTION 4　パネルシアター

 パネルシアターについてその特性を理解し，子どもと楽しみを共有することを目指そう。

1.　パネルシアターとは

　パネルシアターは，古宇田亮順(1937-)によって考案された。近年，保育現場で多く活用されている。毛羽立ちのよい綿ネルなどが貼られたパネル(板舞台)に，Ｐペーパーで作った絵や図を貼ったり外したりして展開する，おはなし，歌遊び，ゲームなどを称してパネルシアターとよぶ。

　Ｐペーパーとよぶ不織布は，表裏両面に絵を描くことができ，裏表共にそのままパネルに貼りつけることができる。したがって，正面を向いている人形を，裏返して後ろ向きにしたり，パネルの上で動かしたりすることができるのである(裏返し)。他にも重ね張り・組み合わせ・動作づけ・窓開き・回転・糸による移動・ポケット手法など，様々な技法を用いて，おはなしを展開させる。

　機械操作中心の視聴覚教材とは異なり，演者が語りながら行うので，見る子どもとの間に親近感が生じる。対話形式であり，子どもは質問や感想を自由に述べながら，能動的に参加することができる。パネルシアターの絵人形の型紙などは，販売されている。まずはそれらを用いて作ることを体験するとよい。

2.　パネルシアターの種類

① **白パネルで演じるシアター**　基本的なもので，白いパネルで行うもの。
② **ブラックパネルシアター**　暗室で黒の布地パネルにブラックライトを当てて演じるもの。絵人形等は，蛍光ポスターカラーなどで着色しておく。

3.　演じる際の留意点

＜準　備＞
- おはなし全体の流れ，せりふを覚えておく。
- 絵人形を貼ったり外したりすることや，仕掛けのタイミングは重要である。せりふだけではなく，そのようなことも演技の一部として検討のうえ，練習しておくことが大切である。

＜演じる際の留意点＞
- 舞台の後ろに，絵人形を出す順番に並べておく。
- 舞台と見る人の両方が見える位置に立ち，演じる。右利きの人はパネルに向かって右側，左利きの人は左に立つ。
- 演者は常に正面を向いて，表情がよく見えるようにする。
- 絵人形を貼った後はすぐにパネルから一歩離れる。
- 絵人形を取り出す際はできるだけ背中を見せないようにする。

* 子どもたちの表情を受け止めながら，おはなしを展開できるところが，対話型である
パネルシアターの魅力である。やり取りを楽しみながら進めよう。
* 舞台をどのように使うか，絵人形の配置に配慮しながら進めよう。
* ブラックパネルシアターを演じる演者は，黒の服を着ていた方がよい。白いものを着
ていると光ってしまう。

（選書，環境，導入，演じ終わったときのことなどは，SECTION2，絵本・読み聞かせの3を参照のこと）

パネルシアターは，近年，保育現場で多く活用されている。毛羽立ちのよい綿ネルなどが貼られたパネルに，Ｐペーパーで作った絵や図を貼ったり，外したりして展開する，おはなし，うた遊び，ゲームなどを称してパネルシアターとよぶ。見る人と対話しながら演じられるパネルシアターの魅力と演じ方を理解したうえで，保育に活かしていきたい。演じることに慣れてきたら，子どもと一緒に作ったり，演じたりするのもよい。

Column　いろいろなおはなし

絵本や紙芝居について解説してきたが，時には保育者の素話を子どもたちに聞かせたいものである。音声から創造力を膨らませる体験も，子どもの育ちによい影響を与える。昔から伝わってきた口承文芸などは，話しやすいおはなしが多いので，いくつか話せるようにしておくとよい。（『ももたろう』，『花咲かじいさん』などのお決まりの台詞は，子どもにも親しまれる。海外の昔話を取り上げるのもよいだろう。イソップ物語やグリム童話には，現在においても魅力的な話が多くある。こちらにも「鏡よ，鏡，世界で一番美しいのは誰？」（『白雪姫』より）などの名せりふがあり，楽しく話すことができる。昔話はそれぞれ魅力があるから伝わってきたのであるが，話が生まれた背景や，伝わってきた国が違っても，共通点がある場合もある。いろいろな話を調べてみるとよい。

また，5〜6歳になると少し長い，幼少年文学の読み聞かせなどをするのもよい。この年齢では音声だけに頼りながら創造力を育むことが可能となるので，「続きは明日ね」と楽しみにしながら，何日かにわたって一つのおはなしを聞く体験をするのもよい。
（ルース・スタイルス・ガネット作，ルース・クリスマン・ガネット絵，渡辺 茂男訳の，『エルマーの冒険』，わたなべしげお作，やまわきゆりこ絵の，『もりのへなそうる』など）

また，時には悲しいおはなしを読むことを考えてみてもよいのではないか。近年，アンデルセン童話の『人魚姫』（人魚姫は最後に海の泡になってしまう）を知らない人が増えている。人魚姫の他にも悲しい名作は多くある。
（オスカー・ワイルドによる『幸せの王子』，アンデルセン童話の『マッチ売りの少女』，つちやゆきお文，たけべもといちろう絵の絵本，『かわいそうなぞう』など）

かわいそうだから読まないという大人もいる。しかし極端にそのようなはなしに触れる機会が減ることは，悲しい気持ちを受け止める力を育む機会を少なくなることにつながるのではないかと懸念する声も聞こえてくる。保育者はそのようなことにも問題意識をもち，教材研究をしていくことが求められる。

SECTION 5　その他保育現場で取り扱われる児童文化財（子どものことばを育むもの）

Study Points　これまでに挙げてきたもの以外の，保育現場で取り扱われることの多い児童文化財を知る。

ここでは人形劇，ペープサート，エプロンシアター，手袋シアターについて，概要を示す。これらを理解したうえで，作り方などを調べてみよう。

1.　人形劇

　台本や人形を作って演じる人形劇は，演者と見る人が感動を共有できる。音楽や照明など，準備にはかなりの時間を要するが，子どもたちは，大好きな人形がしゃべったり動いたりするのを見て，魔法にかかったように喜ぶ。保育の現場では，封筒やカラー手袋など，身近なものを用いて演じることもある。

2.　ペープサート

　戦後，永柴考堂（1909-1984）によって発表され，保育現場で普及してきた。2枚の紙に絵を描き，棒を挟んで貼り合わせて作った人形を動かして演じる。絵人形を立てる専用の舞台で様々な話が展開されるが，人形は，比較的短時間で作成でき，子どもも作ることができる。明治時代の落語家が，寄席でうちわ型人形劇を使って芝居を演じた立絵がルーツとなっている。

（絵人形の簡易的な作り方が14章に紹介されているので，子どもと一緒に作るなど，楽しんでみよう）

3.　エプロンシアター

　エプロンシアター（登録商標）は，乳幼児教育研究所の中谷真弓が考案したものである。

　舞台はエプロンである。演者のからだについているので，歩いたり，動いたり，子どもに近づいたりしながら演じることができる。ポケットから飛び出す人形がマジックテープでエプロンに貼られたり外されたりし，歌やおはなしが展開する。

4.　手袋シアター

　カラー手袋（軍手）の先に綿を詰めて動物などを作り，胸元を舞台に演じる小さな人形劇である。指人形がお喋りするなど，楽しくかわいらしい人形劇であり，製作時間も比較的短く，持ち運びにも便利である。

図13-4　手袋シアター
（提供：葛木しおん）

　保育現場で取り上げられることの多い，人形劇，ペープサート，エプロンシアター，手袋シアターは，どれも子どもが喜ぶ文化財であるが，それぞれ特徴がある。それらを把握することは，保育現場の様々な場面において，その場面にあった児童文化財を選ぼうとする際に役立つ。

SECTION 6 児童文化財の作成

Study Points 児童文化財を作成してみよう。世界で一つだけの教材を作る楽しさや，それを多くの子どもたちに楽しんでもらう喜びを味わおう。ここでは比較的材料も手に入りやすく，取り組みやすい，手づくり絵本とパネルシアターの作成方法について紹介する。作成方法を知り，児童文化財への理解を深めよう。

1. 手づくり絵本の作成

手作りの絵本を作成する手順を紹介する。機会をみつけて作成に挑戦してみよう。

（1） 対象年齢やテーマを決める

子どもに何を楽しんでほしいのかを考え，対象年齢やテーマを考えよう。対象が乳児なのか，5歳児なのかでは，楽しめることが違う。また何を楽しんでほしいのかによって絵の描き方やお話の作り方も違うことに留意し，絵本のテーマを決めよう。

（2） おはなしの組み立てをする

① 子どもにとって心地よい場面数とは

市販の幼児向け絵本は，おおよそ見開き12場面から20場面である。表紙・裏表紙，見返しなどを省き，純粋なお話の場面が見開き8場面から10場面（16ページから20ページ）のものを作ってみよう。

② 子どもが喜ぶ言葉や展開とは

子どもが思わず口にしたり笑ったりする，それでいて下品にならず日本語のよさが伝わる言葉で綴る。繰り返しやオノマトペを入れると，おはなしのリズムを作りやすい。大人が使う言葉ではなく，子どもの生活や遊びの中にある言葉を使うことも大切である。絵本の魅力であるめくりの効果を活かし，めくったときに驚きや発見のあるおはなしを作る。

（3） 準備する用紙・画材

絵本の台紙は，画用紙を貼り合わせる製本の場合，薄手の画用紙がよい。子どもに見せることを想定し，開いた大きさがB4かA3以上になると見やすい。

絵を描く画材は，絵の具，クーピー(色鉛筆)，マジック，サインペンなどを組み合わせる。登場人物は，黒サインペンなどで輪郭を描くと見やすい。クレヨンは色移りするので使用しない。色画用紙や折り紙を使ったコラージュ(貼り絵)もよいだろう。

（4） 絵本の作り方

① 表表紙・裏表紙を作る。

② 見返し(表紙と本文をつなぐもの)を作る。

表紙と本文の間に入れる。色やデザインを工夫するとよい。

③　おはなしを描く。＊8場面から10場面程度(表紙，見返しなどは除く)

- 絵は彩色，コラージュなど。
- テキスト(文章)は違う色紙に書いて貼ってもよい。
- 簡単な仕掛けを入れてもよい(穴あき，立ち上がりなど)。
- めくりの工夫(縦開き，折り込むなど)。

④　奥付(学籍番号・氏名・提出年月日)を入れる。

⑤　製本する。裏移りを避けるために1枚に一場面を描き，2つ折りにした画用紙同士を貼り合わせていき，背表紙は太めのマスキングテープなどで補強するときれいに仕上がる。

　　＊　絵やテキストは，インターネットからの引用・転写はしないこと。

図13-1～3　製本の仕方

図13-1　場面を1枚の画用紙に描き，2つ折りにして重ねる
図13-2・13-3　絵を描いていない面を貼り合わせていく

2. パネルシアターの作成

　　パネルシアターの考案者である古宇田亮順氏によるものなど，多くの作家の作品集が販売されており，絵人形の型紙を使うことができる。やがてオリジナルの作品を作成する際にも役に立つので，はじめは型紙を用いて作成方法を学んでみよう。先に述べた通り，作品には，裏返し，重ね張り，組み合わせ，動作づけ，窓開き，回転，糸による移動，ポケット手法など，様々な技法を要するものがあるが，まずは基本的なことを学ぶために単純に作成できるものを選ぶ。同じ型紙を使っても，色の使い方や着色方法により，制作者らしさ，個性のでる仕上がりとなり，世界に一つだけの作品となる。

（1）　絵人形作成に向けて用意するもの(特別な技法を用いない作品を選んだ場合)

- Pペーパー(薄手と厚手のものがある。大きな絵人形は厚手で作ることを薦める)
- 鉛　筆　　　　• 油性ペン(黒)
- 絵具(水彩絵の具，アクリル絵の具)，ポスターカラー
  (ブラックパネルシアターの場合は蛍光絵具)(筆，水入れ)
- ポスカ　　　　• はさみ

（2）　絵人形作成手順

　まず作品を選ぶ。子どもの興味や関心，季節，作りやすさや演じやすさなどを考慮して選ぶ。作品が決まった後の作成手順は，以下の通りである。

| Ｐペーパーに型紙を写す | ➡ | 色をつける | ➡ | アウトラインを書く | ➡ | 切り取る |

① 　型紙にＰペーパーを重ねると，透けて型紙が見えるので，まず鉛筆で写し取る。油性ペンで描いてもよい。

　　（Ｐペーパーは滑らかな方が表で，絵の具がなじみやすい。最近は裏・表の差がないものが多い）

② 　色をつける。細かいところはポスカを用いてもよい。

③ 　乾かす。

④ 　太めの，黒の油性ペンでアウトラインを描く。絵人形が生き生きとする。

⑤ 　絵人形を切り取る。細かいところは余白を残してもよい。

⑥ 　折れないように厚紙を入れた紙の封筒などに入れて保管する。いつでもすぐに演じられるように，絵人形を登場順に重ねて保管するとよい。

　　＊もしも折れてしまってもアイロンなどで伸ばすことができる。

（3）　パネルの作り方

　発砲スチーロールの板にパネル布を貼る。片面がシールになった板もあり，布が固定されやすい。段ボール箱をたたんで作る場合は，テープを用いるなどして，表面が平らになるようにしてから布を貼る。ダンボールに文字などが入っている場合は，布を貼っても透けて見えてしまうことがあるので，模造紙などを貼ってから布を貼るとよい。

　ダンボール板を重ねて用いる場合は，板と板をしっかり止めてから布を貼る。板は縦目と横目を互いに組み合わせボンドなどで止めるとよい。

　ブラックパネルの場合は黒の布を貼り，イーゼルなどを用いてブラックライトを当てられるようにする。持ち運びに便利なように，2つ折りにできるように作る場合もある。

図13-5　手づくりのパネルシアター
型紙（月下和江著・古宇田亮順監修）をもとに作成する作業の様子

　児童文化財を作ることは保育者としての引き出しを増やすこととなる。子どもたちの喜び，幸せのために様々な文化財作成に取り組み，実践を重ねよう。

14章　児童文化財を活用した指導計画

SECTION 1　指導計画の必要性と部分実習指導案の書き方

 保育における指導計画の必要性を理解し，実習で立案が必要となる部分実習指導案について，
ことばを育む児童文化財を題材とした指導案の書き方を具体的に学ぼう。

1.　指導計画とは何か

　なぜ保育に指導計画が必要なのだろうか。それは，子どもの発達とその時期の状況に
合わせて育てたい子どもの姿をイメージしながら，保育の手立てを考えることが子ども
の健やかな育ちを助長するからである。指導計画は，子どもの生活を縛るものではなく，
子どもが自ら意欲をもって生活したり遊んだり，自分の力を発揮したりできるように，
保育の環境を整え，必要な援助を行うために必要なものなのである。

　日本では，『幼稚園教育要領』，『保育所保育指針』，『幼保連携型認定こども園教育・
保育要領』に基づいて，子どもが豊かな経験を積み重ねられるように保育を行うよう定
められている。図14-1に，指導計画の流れを示した。『幼稚園教育要領』，『保育所保育
指針』，『幼保連携型認定こども園教育・保育要領』に示された保育内容に基づいて各園
の保育計画が作られていることがわかる。各園において，年間計画や期，月ごとの長期
指導計画，週案や日案，個人案といった短期指導計画とが立案される。

　こうした指導計画の中で，日々の保育を行うために立案する計画が実習での指導案と
なる。実習では，部分的な活動の部分実習指導案や一日の保育プログラムの全日実習指
導案を立案することが多い。

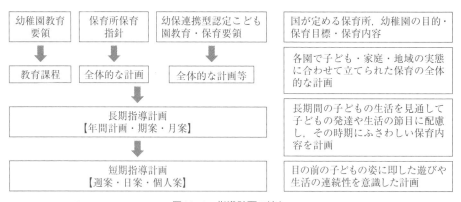

図14-1　指導計画の流れ

2.　部分実習指導案の構成と書き方

　実習生が書く最初の指導案は，子どもに楽しい活動を行う活動提案型の指導案になる
ことが多い。絵本や紙芝居などの児童文化財を題材とした部分実習は，おはなしなどを
通して子どもと実習生とが心を通わせる貴重な体験となる。指導案の形式や項目名は養
成校や実習園によって違う。ここでは，基本的な部分実習指導案の考え方を理解しよう。

（1）　部分実習指導案の構成

①　指導を行うための必要事項

　　指導を行うために，いつ，誰が，誰を対象に，どのような状況で行うのかを記載する（表14-1）。特に，「子どもの姿」は，「ねらい」，「主な活動」，「予測される子どもの活動」，「実習生の活動及び援助の留意点」，「環境構成・準備」にも関わってくる。そして，「子どもの姿」から「ねらい」を決め，その「ねらい」を達成できるような「主な活動」を選ぶ。

②　導　入

　　子どもが「何が始まるんだろう」と期待感をもって集まることができる環境をつくる。導入は子どもを静かにさせることが目的ではない。例えば，絵本の読み聞かせでは，読む絵本の内容が楽しみになるよう導入を行う。絵本の登場人物やおはなしに関連した手遊びや簡易的なペープサートなどもよい。つまり，子どもが絵本が始まることにワクワクし，自ら静かに見ようという気持ちになるようにすることが大切である。

表14-1　部分実習指導案

大学名		学籍番号		氏名			始動を行うための必要事項
実習園名				指導者			
実施日　　年　　月　　日（　　　）			子どもの姿				
対象クラス　　　組　　　歳児童							
対象人数　男児　　　名			ねらい				
女児　　名　計　　名							
予想天気			主な活動				

時間	予想される子どもの活動	実習生の動きおよび援助の留意点	環境構成・準備	
	○実習生の話を聞く。	○子どもを集めて話をする。		導　入
	◎『　　　　　　　　　　』を行う。	◎導入『　　　　　　　　』を行う。		
	◎絵本『　　　　　　　　　』の読み聞かせを聞く。	◎絵本『　　　　　　　　　』の読み聞かせを行う。		展　開
	◎結び：実習生の話を聞く。	◎結び：活動の終わり方を書く。		結　び
		○担任に引き継いで活動を終わる。		

③ 展　開

　　実際に絵本の読み聞かせなどを行う場面の「予測される子どもの活動」や「実習生の動き・援助」をシュミレーションして書く。この展開部分には，単に活動の流れだけを書くのではなく，この活動に立てた「ねらい」が反映された「予測される子どもの活動」，「ねらい」を達成するための援助を考えることが大切である。

④ 結　び

　　活動を終わらせるための場面である。絵本の読み聞かせなどが終わった後，どのように活動をまとめ，クラス担任に引き継ぐのかを考えて記載する。

(2)　部分実習指導案の考え方・書き方（表14-2）

　① 「子どもの姿」

　　指導案では，その時期の「子どもの姿」を把握することによって，子どもに育てたい「ねらい」や経験してほしい「内容」，指導の手立てとなる「活動内容」や「環境・援助」を考えることができる。その時期の「子どもの姿」に合っていない「ねらい」や「活動」は，保育者の思いばかりが先にたち，子どもにそぐわない保育となる。また，「ねらい」や「活動内容」，「環境・援助」を考えたら，必ず「子どもの姿」に戻り，子どもの状況と合っているかを確認することも大切である。

　　「子どもの姿」は，生活習慣，遊び，友達関係を視点にその時期の子どもの姿を記載する。活動が絵本の読み聞かせならば，ことばに関する「子どもの姿」も書くとよい。実習中であれば，実際の「子どもの姿」を見て書くことができるが，授業や実習前に指導案を立案する場合には，指導案を実践する時期の「子どもの姿」を調べて記載する。

　② 「子どもの姿」と活動内容（絵本の特徴）から「ねらい」を立てる

　　「ねらい」は，その時期の子どもの様子を把握したうえで，今の子どもの興味や育ちから，育てたい姿を意欲，心情，態度の視点で考える。保育は子どもが主体的に活動することが大切なので，「ねらい」も子どもが主語となるように書く。「～してほしい」や「～を育てたい」というのは保育者が主語である。子どもを主語にすると，「～を楽しむ」，「～を味わう」，「～にやりたい気持ちをもつ」などとなる。

　　例えば，2歳児の「子どもの姿」に「水遊びに興味をもち，水に触れることを楽しんでいる」といった姿があったとする。その姿から，「様々な水の感触や，色，しぶき，流れ，水のおもしろさなどに気づく」という「ねらい」を考え，『みず ちゃぽん』（新井洋行 作，童心社，2011）という絵本を選ぶといった手順である。一方で，この絵本の内容をみると，様々な音と共に水が流れる様子が描かれており，水の感触というより水の音や変化が楽しい絵本である。そこで，「ねらい」に音を楽しむことも入れて，「楽しい音の響きと共に様々な水の動きのおもしろさを味わう」というように調整していく。このように，「子どもの姿」と絵本のもつ特徴の双方から「ねらい」を考えるようにするとよい。

　③ 予測される子どもの活動

　　それぞれの活動場面において，子どもがどのような言動をするのかを予測して記載す

る。例えば，絵本の読み聞かせの場面の子どもの反応を考えてみる。3歳児であれば，絵本の絵やおはなしに自分の思ったことを発言するだろうし，からだも反応して動くだろう。これが5歳児であれば，じっと見入ったりするなど違う反応が予測される。当然読む絵本によって，予測される子どもの姿は違う。指導案の書籍などを参考にした学生の指導案には，どの年齢でもどのような絵本にも同じような子どもの言動が書かれていることがある。自分が選んだ絵本の魅力を信じ，一場面ごとに子どもがどのような反応をするのかを楽しみながら予測してみよう。このように，部分実習を行うクラス年齢の子どもが，自分が選んだ絵本のどこにどのような反応をするのかを予測して書いていく。また，絵本への反応は「ねらい」とも連動している。「ねらい」を達成していると思われる姿も書いておくことで，実際の子どもの反応と比べて自分の保育を評価することができる。

④　実習生の動きと援助の留意点

実習生の動きと援助の留意点は，予測される子どもの姿と連動して書いていく。子どもの姿に対して応答的な援助になるように書く。また，ねらいを達成するための動きや援助も書き入れる。その際，実習生の言動の意図がわかるように「（子どもが）～するように～する」といった書き方にするとよい。例えば，「焦って早口になるときは，ゆっくり話す」というのは自分自身への留意点である。対して，「子どもが聞き取りやすいようにゆっくり話す」というのは子どもへの留意点となる。この違いに留意しよう。

⑤　環境構成・準備

読み聞かせのために，どの場所にどのように子どもが座り，保育者はどのような絵本をどのような立ち位置で読むのかといった環境構成を考える。子どもの年齢や読み聞かせの経験によって，どのような形態で座るのが絵本を見るのに心地よいのかを考えて設定するとよい。例えば，子どもの座る高さや絵本の大きさによって，保育者が立って読むのか座って読むのかも違ってくる。また，絵本に集中しやすい環境として，背景を保育室のどこにするのかも考えてみよう。例えば，窓を背景にすると，逆光になって絵本が見づらかったり外の様子が気になったりするだろう。さらに，絵本や導入で使用する小道具などを準備しておく場所も記載しておくと，準備を忘れることなく，部分実習を行う動線を明確にしておくことができる。

こうした細やかな環境への配慮が子どもにとって楽しい保育を支えるのである。保育室内の環境をわかりやすく図で示し，その環境構成の意図も文章で書いておくとよい。

保育の手立てとなる指導案は，「子どもの姿」をもとに子どもに育てたい「ねらい」を立てて活動を選ぶ。自分が立てた「ねらい」，選んだ活動にどのような「予測される子どもの姿」があり，「実習生の動きと援助の留意点」，「環境構成・準備」が必要なのかを考える。子どもの年齢や選んだ活動が違えば，指導案の記述内容が見本などと同じになることはないことに留意する。

表14-2　部分実習指導案

大学名		学籍番号		氏　名	
実習園名				指導者	

実施日　　年　　月　　日（　　）	子どもの姿
対象クラス　　　組　　　　歳児	※生活習慣，子どもの遊びや興味や関心，友だち関係，言葉や絵本の読み聞かせなどに関する様子を書く。

対象人数　男児　　　名	ねらい
女児　　　名　計　　　　名	＊子どもの姿から選んだ絵本を通して，育てたい心情・意欲・態度をねらいにする。子どもを主語にして書く。

予想天気	主な活動
	（例）　絵本『　　題名　　』の読み聞かせを聞く。

時間	予想される子どもの活動	実習生の動きおよび援助の留意点	環境構成・準備
10：30	○実習生の話を聞く。 ＊集まっている時，子どもがどのような様子で待っているかを書く。 ＊ネガティブな様子が予測される場合は，実習生の援助の欄に対応を含めて書く。	○子どもを集めて話をする。 ＊子どもの姿を予想してどこにどのような雰囲気で集まるようにするのかを考えよう。 ＊援助が必要なネガティブな様子への対応を書く。 例）〜に興味をもって集まれるように〜する。	＊この活動をするのに一番ふさわしい環境を考える。 ＜保育室＞ 　具体的な環境図
	◎『　　　　　　　　　』を行う。 ＊予想される子どもの言動を書く。 ●導入を見た時の様子 ●導入の動きへの反応 ＊ネガティブな様子が予測される場合は，実習生の援助の欄に対応を含めて書く。 ●次の絵本に期待している様子	◎導入『　　　　　　　』を行う。 ＊導入をすることで，絵本への興味が高まるような援助を書く。 ＊子どもの様子や反応への対応を書く。 ＊援助が必要なネガティブな様子への対応を書く。 ＊絵本につながる援助を書く。	＊導入時の環境の意図を書く。 ＊導入時と展開時の環境が違う場合は展開時の環境図も書く。 　具体的な環境図
10：45	◎絵本『　　　　　　　』の読み聞かせを聞く。 ＊予想される子どもの反応や様子を考えられるだけ考えて書く。 ＊ねらいを達成していると考えられる様子を書く。 ＊ネガティブな様子が予測される場合は，実習生の援助の欄に対応を含めて書く。	◎絵本『　　　　　　　』の読み聞かせを行う。 ＊ねらいを達成するために…… ●どのような読み方をするのか。 ●子どもの反応にどのように応えるのか。 ●援助が必要なネガティブな様子について，子どもが絵本を楽しめるようにするにはどうするのか 　　　　　　　　……を書く。	＊読み聞かせ時の環境の意図を書く。
	◎結び：実習生の話を聞く。 ＊実習生の話に対する様子を書く。	◎結び：活動の終わり方を書く。 ●絵本の余韻をどのように味わうか。 ○担任に引き継いで活動を終わる。	

SECTION 2　部分実習に活かす児童文化財の実践

Study Points　授業の中では，部分実習を想定した模擬保育の実践を行うこともある。ここでは，児童文化財を使った部分実習指導案をもとに模擬保育を行う際の留意点を学ぶ。また，実践の後の省察のポイントや部分実習指導案の修正の仕方を理解しよう。

1.　児童文化財を使った部分実習の模擬保育

（1）　模擬保育の意義

　　誰でも人前で何かを行うときは緊張するものである。実習においても，「初めて子どもの前で絵本を読むときは，緊張してどこを読んでいるのかがわからなくなった」，「ページを飛ばしてしまった」，「表情が硬くなってしまった」，などの経験談を耳にする。模擬保育は，子どもが相手ではないので，実践時そのままを体験することはできない。しかし，人前でどのくらい自分が緊張するのか，その緊張が絵本などの読み方や実践時の表情にどのように影響するのかを体験することができる。緊張時の自分を受け入れ，その対応を考える機会となるのである。また，学生同士で模擬保育を見合うことで，もっとよくなる点などをアドバイスし合うことができる。学生同士だからこそわかり合えることもあるだろう。よりよい指導案作成や実践に活かすために模擬保育を活用しよう。

（2）　模擬保育の手順と留意点

　　模擬保育は，おおよそ次のような手順で行う。

＜手　順＞

① 　クラス，あるいはグループで発表順を決める。
② 　発表者は，対象年齢・絵本などのタイトル・「ねらい」を伝える。
③ 　導入を行う。
④ 　絵本などの読み聞かせ（展開・結び）を行う。
⑤ 　実践の感想の共有や省察を行う。

＜留意点＞

* 指導案を見ないで部分実習を行うことを想定し，実践前に指導案の内容を頭に入れておく。
* 見てもらう学生に「ねらい」を伝えて活動の意図を共有し，実践後の振り返りに活かす。
* 導入は，見てもらう学生に絵本などへの興味や関心が高まるように行う。
* 絵本などの読み聞かせは，緊張で早口にならないように気持ちを落ち着かせて行う。
* 見てもらう学生を対象年齢の子どもに見立て，絵本などへの様子や反応を見取る。
* 活動の終わりがわかるように結びを行う。

（3）　実践についての感想・評価

　　自分の模擬保育が終わったら，自分で反省するだけではなく，クラスやグループの学生に感想を書いてもらったり，グループディスカッションを行ったりすることを通して，

実践の振り返りをするとよい。

　人に評価をしてもらうことには抵抗があるかもしれないが，客観的な評価から自分だけでは気づかなかったよい点や改善点がみつかるからである。

　感想を書いたり，評価をしたりする立場になった場合は，その模擬保育のよかった点，こうするともっとよくなる思う改善点を伝えるようにする。その感想や評価によって相手がさらに伸びるような振り返りになるように心がけたい。

　―模擬保育の感想・評価のポイント―
　絵本の良さが伝わるような読み聞かせが何より大切である。そのうえで，下記のような視点でも考えてみよう。
　① 表紙はゆっくり見せて，タイトル・作者名を読み，絵本に期待がもてるようなはじまりだったか。
　② 絵本をめくるときは，腕や手で絵が隠れないようにページをめくっていたか。
　③ 見返しや内扉も見せていたか。
　④ 絵本の絵やことばを大切に絵本の雰囲気が楽しめるように読んでいたか。
　⑤ おはなしをさえぎるような余計な指差し，挿話や質問はしていなかったか。
　⑥ めくる「間」を工夫していたか。
　⑦ 聞き手の様子や反応を見ながら読んでいたか。
　⑧ 裏表紙も見せていたか。
　⑨ 読後の関わりも大切にしていたか。

（4）　実践の反省と部分指導案の修正

　自分の模擬保育の実践をもとに，部分実習指導案に反省を記入する。その際，部分指導案で立てた「ねらい」に基づいて反省することが大切である。「ねらい」に照らし合わせて，導入や絵本などの読み方はどうだったのかを振り返ることで「ねらい」が適切だったか，「ねらい」に即した読み聞かせや援助ができたかを反省することができる。

図14-2　PDCA サイクル

　模擬保育の反省を生かして，自分の部分実習指導案を修正してみよう。子どもの姿と絵本の内容を考えたら「ねらい」はこの方がよい，もっとこういう導入の方が絵本などへの興味が高まる，こういう読み方の方が絵本のよさを引き出し，子どもの育ち（「ねらい」）につながる，読後はこうした方が子どもの中の余韻を大事にできる，など，自分の指導案の改善点に気づくことができる。こうした計画→実行→評価→改善のサイクルを PDCA サイクルという。

　模擬保育を行うことによって，人前に立つ体験から，自分の緊張感や言動への影響を知ることが大切である。学生同士で実践の振り返りをすることで，客観的な評価と省察を得ることができる。指導案の修正は活動の「ねらい」に照らし合わせて行うことが重要である。

2. 部分実習（絵本の読み聞かせ）の導入に活かす簡易的なペープサートの紙人形作成

　絵本などの読み聞かせにおける導入では，舞台を使う本来のペープサートではないが，紙人形を使った簡単なおはなしを行うことがある。ここでは，簡易的なペープサートの紙人形を作成して，絵本などの読み聞かせの導入に活用してみよう。

（1）　紙人形の作り方
①　絵の描き方
　画用紙などを2つ折りにし，片面ずつに表情や向き，絵そのものが表裏で違う絵を描く。表と裏に同じポーズで左右逆向きのものを基本人形（図14-3A, B），表裏で動きや表情の変化を表現するものを活動人形（図14-4 A, B）という。

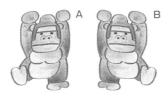
図14-3　基本人形

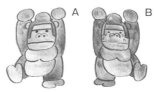
図14-4　活動人形

②　持ち手のつけ方
　表か裏かどちらか（図14-5）の裏側の真ん中に持ち手となる割り箸などをぐらつかないようにしっかり留める（図14-6）。
③　仕上げ
　余白を多くとっておき，裏表を張り合わせてから，周りを切りそろえるようにする（図14-7）。

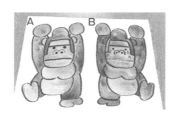
図14-5　画用紙に表裏の絵を描く

図14-6　持ち手を付ける

図14-7　完　成

（2）　導入としての簡易的なペープサートの演じ方
　紙人形を使うことで，視覚的に絵本への興味を高めることができる。絵本に関する問いかけなどを行うと効果的である。導入は短く，主な活動である絵本につながるような内容にする。最後は紙人形が絵本の中に隠れるように見せると臨場感が高まり，絵本を始めやすい。

〔11章　遊びとことば〕
　文部科学省：『幼稚園教育要領解説』フレーベル館(2018)
　ロイス・ホルツマン著：『遊ぶヴィゴツキー　生成の心理学へ』新曜社(2014)
　尾根秀樹著：「領域表現とは」，『キリスト教保育（第644号）2022年11月号』キリスト教保育連盟(2022)

〔12章　保育者のことば〕
　秋田喜代美・安美克夫：『秋田喜代美と安美克夫が語る写真で見るホンモノ保育』ひかりのくに株式会社
　　(2013)
　秋田喜代美・野口隆子編著：『保育内容 言葉』光生館(2018)
　阿部アサミ・小林祥子編著：『保育・教育の方法と技術』大学図書出版(2022)
　内田伸子・津金美智子・大金伸光・佐々木晃・大宮明子・田代幸代・安治陽子・細野美幸・石田有理・堀越
　　紀香・泉真理・山中昭岳・岸本佳子：「乳幼児の理論的思考の発達に関する研究―自発的活動としての遊
　　びを通して理論的思考が育まれる―」，『保育科学研究』5, p.131-139(2014)
　内田伸子：『子どもの見ている世界』春秋社(2017)
　大越和孝・加古明子・田中東亜子・松本和美：『ことば生まれことばが育つ―「言葉」指導実践のために―』宣
　　協社(2010)
　小学館辞典編集部：『美しい日本語辞典』小学館(2006)
　關章信・兵頭恵子・髙橋かほる監修：『保育記録のとり方・生かし方』すずき出版(2021)
　林健造：『育ち育てる絵の指導』フレーベル館(1979)
　平井理恵子(株式会社ザ・アール　上席講師)：『これだけは知っておきたい　敬語の基本と常識』フォエスト
　　出版(2018)
　文化庁：『敬語の指針』https://www.bunka.go.jp (2017) 2023年11月10日取得
　吉村真理子・森好子：『吉村真理子の保育手帳4．4〜5歳児の保育』ミネルヴァ書房(2014)

〔13章　児童文化財と保育への展開〕
　岡田明編：『新訂 子どもと言葉』萌文書林(2008)
　幸田真紀・掃守純一郎・金城久美子・横田左千子：『手作り人形劇ハンドブック―子どもと一緒に楽しむ劇
　　表現の世界―』萌文書林(2016)
　古宇田亮順著，松田治仁絵：『パネルシアターを作る』東洋文化出版(1999)
　塩美佐江・古川寿子：『保育内容「言葉」乳幼児期の言葉の発達と援助』ミネルヴァ書房(2020)
　田中健編著：『デザインする保育内容「言葉」』教育情報出版(2019)
　月下和江著・古宇田亮順監修『てづくりのパネルシアター』東洋文化出版(2004)
　久富陽子編：『実習に行くまえに知っておきたい保育実技 児童文化財の魅力とその活用・展開』萌文書林
　　(2002)
　藤田佳子：「パネルシアターの歴史(1)〜創始者 古宇田亮順とパネルシアター〜」，『淑徳短期大学研究紀要』
　　52 p.181-19(2013)
　松家まきこ著：『保育いきいきパネルシアター』大東出版社(2008)
　松本峰雄編著：『保育における子ども文化』わかば社(2014)
　皆川美恵子・武田京子編著：『改訂 児童文化 子どもの幸せを考える学びの森』ななみ書房(2006)
　皆川美恵子・武田京子編著：『新版 児童文化』ななみ書房(2016)

〔14章　児童文化財を活用した指導計画〕
　川勝泰介・浅岡靖央・生駒幸子編著：『ことばと表現力を育む児童文化』萌文書林(2018)
　久富陽子編著：『幼稚園・保育所実習　指導計画の考え方・立て方』萌文書林(2009)

索　引

乳幼児の言葉が生まれ・育っていくために
保育内容「言葉」

初版発行　　2024年3月30日

監修者ⓒ　　河合優子
編著者ⓒ　　並木真理子／桐川敦子

発行者　　森田　富子
発行所　　株式会社 アイ・ケイ コーポレーション

東京都葛飾区西新小岩4-37-16
メゾンドール I&K／〒124-0025

Tel 03-5654-3722（営業）
Fax 03-5654-3720

表紙デザイン　㈱エナグ　渡部晶子
組版　㈲ぷりんてぃあ第二／印刷所　㈱エーヴィスシステムズ

ISBN978-4-87492-397-9 C3037

子どもシリーズ ＜テキスト用＞　　好評発売中‼

乳児保育Ⅰ・Ⅱ
豊かな乳児保育をめざして
B5 142頁
定価2,750円（本体2,500円＋税10%）
ISBN978-4-87492-393-1

子ども家庭支援論
B5 124頁
定価2,640円（本体2,400円＋税10%）
ISBN978-4-87492-392-4

改訂 子ども家庭支援の心理学
B5 200頁
定価3,080円（本体2,800円＋税10%）
ISBN978-4-87492-396-2

子どもの姿から考える
保育の心理学
B5 182頁
定価2,640円（本体2,400円＋税10%）
ISBN978-4-87492-379-5

保育の現場で役立つ
子どもの食と栄養
B5 185頁
定価2,640円（本体2,400円＋税10%）
ISBN978-4-87492-382-5

株式会社 アイ・ケイ コーポレーション

http://www.ik-publishing.co.jp

子ども家庭支援論

編著：久保田健一郎 大阪国際大学短期大学部教授
　　　土永葉子 帝京平成大学准教授
　　　韓　仁愛 和光大学専任講師
本書は、「保育所保育指針」、「幼保連携型認定こども園教育・保育要領」、また、保育士養成課程の乳児保育Ⅰ・Ⅱの教授内容に基づいて執筆．前半は乳児保育Ⅰの「講義編」、後半は乳児保育Ⅱに該当する「演習編」として編集した．

編著：庄司妃佐 東京福祉大学教授
　　　二宮祐子 和洋女子大学准教授
豊富に盛り込まれた episode をもとに，理論と実践とのつながりをわかりやすく解説している．子育ては，ライフステージの一時期として考えるのではなく，生涯発達としてどのように関わっていくかについての視点である．また，ICT 活用で保護者との新たな展開も視野に入れている．保育者を目指す学生に，活用してほしい一書である．

編著：安藤朗子 日本女子大学准教授
　　　吉澤一弥 日本女子大学名誉教授
本書の前半は生涯発達に関する心理学の基本的知識や発達課題，後半は社会状況における様々な課題や保育者に対する支援内容となっている．保育者を目指す学生はもちろん，保育や子どもの保護者に関わる現場で勤務する多くの方に活用いただきたい一書である．

編著：結城孝治 國學院大學教授／遠藤純子 昭和女子大学准教授／請川滋大 日本女子大学教授
本書の総論は発達に関する理論，各論はエピソードの中の具体的な子どもたちの姿から，保育実践で活用できる心理学を学べる内容となっている．幼稚園や認定こども園で働く幼稚園教諭や保育士を目指す人たちにとって有効に活用できるテキストである．

編著：小野友紀 大妻女子大学短期大学部准教授
　　　島本和恵 昭和学院短期大学准教授
社会情勢の変化に伴い，刻々と変化する子どもを取り巻く食の環境にあって，保育士養成課程において「子どもの食と栄養」を学ぶ意義は今後ますます大きなものとなるであろう．本書は，学生のみならず保育現場で勤務する多くの方々のテキストとして最適である．

1章　ことばの意義と機能

ワークシート

授業日　　　年　　　月　　　日（　　）

学籍番号 _____　　　学生氏名 _____

First Mission

人間にとって「ことば」とは何でしょう。
1章での学びを踏まえて，新たな気づきを書きましょう。

Second Mission

子どものことばが生まれ・育っていくためには，保育者のどのような関わりが
必要でしょうか。この章で学んだことや自分の考えを書き出しましょう。

Last Mission

自らが第二言語（英語など）を学んだときのことを思い出し，乳幼児期のことば
の獲得との①共通点と②相違点を書き出しましょう。

①

----

②

提出日　　　年　　　月　　　日（　　）

2章　領域「言葉」とは

ワークシート

学籍番号 ＿＿＿＿＿＿＿＿＿＿＿＿　　　学生氏名 ＿＿＿＿＿＿＿＿＿＿＿＿＿

First Mission
『幼稚園教育要領』，『保育所保育指針』，『幼保連携型認定こども園教育・保育要領』では，何を保育・幼児教育の中心と位置づけているのでしょうか。この章で学んだことをまとめてみましょう。

Second Mission
『幼稚園教育要領』，『保育所保育指針』，『幼保連携型認定こども園教育・保育要領』の「育みたい資質・能力」に示された下記の3つの柱のうち一つを選んでその番号を書き，子どものことばの発達とどう関わるかを述べましょう。

> 育みたい資質・能力（『幼稚園教育要領』，『保育所保育指針』，『幼保連携型認定こども園教育・保育要領』）
> ①豊かな体験を通じて，感じたり，気付いたり，分かったり，できるようになったりする「知識及び技能の基礎」
> ②気付いたことや，できるようになったことなどを使い，考えたり，試したり，工夫したり，表現したりする「思考力，判断力，表現力等の基礎」
> ③心情，意欲，態度が育つ中で，よりよい生活を営もうとする「学びに向かう力，人間性等」

選んだ「育みたい資質・能力」の番号〔　　　　　〕

Last Mission
領域「言葉」と他の領域とのつながりについて，新たな気づきを書き出しましょう。

提出日　　　年　　　月　　　日（　　）

3章　乳児期のことばの発達

ワークシート　　　　　　　授業日　　　年　　　月　　　日（　　）

学籍番号 _____　　　学生氏名 _____

First Mission　乳児の発声機能の発達について新たな気づきを書きましょう。

Second Mission　乳児の指さし行動について新たな気づきを書きましょう。

Last Mission　乳児に話しかけるときの言葉について考えてみましょう。

① あなたが乳児に話しかけるとき，どのような声や話し方になると思いますか

----

② 話しかけるときに乳児にわかるように使う言葉を思いつくだけ書き出しましょう。
　例）ワンワン　〔注〕スマートフォンなどで調べてはいけません。

提出日　　　年　　　月　　　日（　　）

4章　乳児保育における言葉の援助

ワークシート

授業日　　　年　　　月　　　日（　　　）

学籍番号　　　　　　　　　　　　　　　　学生氏名

First Mission　乳児はどのようにして言葉を使うようになりますか？『保育所保育指針』の乳児保育に関わるねらい及び内容をもとにその過程について専門用語を用いて説明してみましょう。

Second Mission　とりわけ乳児に対する言葉の援助で大切なことを『保育所保育指針』の乳児保育に関わるねらい及び内容をもとに，一つ取り上げてその理由を書きましょう。

Last Mission　乳児向けの手遊び，わらべ歌を研究してみましょう。

①　手遊び，もしくはわらべ歌をひとつ選んで，学生や家族などに互いに実践してみて，音，手の感覚，表情など，感じたことを挙げてみましょう。

----

②　その手遊び，もしくは，わらべ歌が，乳児への言葉の援助にどのような影響を及ぼすか，『保育所保育指針』の乳児保育に関わるねらいと内容をもとに説明してみましょう。

提出日　　　年　　　月　　　日（　　　）

5章　低年齢期（1歳以上3歳未満児）のことばの発達

ワークシート

授業日　　　年　　　月　　　日（　　　）

学籍番号 _____　　　学生氏名 _____

First Mission

子ども役と保育者役の2人組になってください。子ども役は，保育者役に対し，自分の気持ちを一語文で表現して伝えてみましょう。保育者役は，保育者になったつもりで，子ども役のことばを受けて，応答します。次は，子ども役と保育者役を交代して取り組んでください。終わったら，お互いの感想を言い合い，最後に，気づいたことを記録しましょう。

Second Mission

子どもに対して使うオノマトペを用いた表現を考え，記録しましょう。
また，その意味がわかるように説明を加えてください。
例：「マンマしよう」（食事を促す）

Last Mission

3人もしくは4人組になり，保育者役を1名，その他の人は子ども役になってください。保育者役は，Second Mission で記録したオノマトペを用いた表現を子ども役に伝えてみましょう。子ども役は，保育者役のことばを受けて，意味を考えてみましょう。次は，保育者役を交代してください。全員が保育者役と子ども役を体験できたら，お互いの感想を言い合い，最後に，気づいたことを記録しましょう。

提出日　　　年　　　月　　　日（　　　）

6章　低年齢児保育における領域「言葉」の援助

ワークシート

授業日　　　年　　　月　　　日（　　　）

学籍番号 _____　　　学生氏名 _____

First Mission
子ども役と保育者役の2人組になってください。子ども役は，教室にある気になるものを指さしで示してください。保育者役は，子どもの気持ちを考えて子ども役に語りかけてみましょう。次は，子ども役と保育者役を交代してください。終わったら，お互いの感想を言い合い，最後に，気づいたことを記録しましょう。

Second Mission
子ども役と保育者役の2人組になってください。子ども役は，筆箱（他のものでもよい）を手に持ってください。ここでは，筆箱として扱うのではなく，筆箱を，今，ここにはない他のものをイメージして，イメージしたもの（例えば，電車）として扱ってください（「見立て遊び」といいます。）保育者役は，子ども役に語りかけ，子どもと言葉のやり取りをしてみましょう。次は，子ども役と保育者役を交代して取り組んでください。終わったら，お互いの感想を言い合い，最後に，気づいたことを記録しましょう。

Last Mission
言葉を育む保育者の関わりについて考えたことを記録しましょう。

提出日　　　年　　　月　　　日（　　　）

7章　乳児期（3歳以上児）のことばの発達

ワークシート

授業日　　　年　　　月　　　日（　　　）

学籍番号 _____　　　学生氏名 _____

First Mission　3歳から5歳頃におけることばの発達過程について，新たな気づきを書きましょう。

Second Mission　一次的ことばと二次的ことばについて，新たな気づきを書きましょう。

Last Mission　科学的なものの見方と考え方につながることばについて，考えてみましょう。あなたが幼児期に不思議に思って一人でじっくり考えたことにはどのようなことがありましたか。思い出して，近くの人2〜3人で発表し合いましょう。

提出日　　　年　　　月　　　日（　　　）

8章　幼児期保育における領域「言葉」の援助
（ねらい・内容・内容の取扱い）

ワークシート　　　　　　　　　授業日　　　年　　　月　　　日（　　）

学籍番号 _____　　　学生氏名 _____

First Mission　『幼稚園教育要領』，『保育所保育指針』，『幼保連携型認定こども園教育・保育要領』で示されている「3歳以上児の5領域のねらい及び内容，内容の取扱い」について，それぞれ目を通して，相違点はあるか，3～4名のグループになり協力して探してみましょう。

Second Mission　3～4名で1つのグループをつくり，領域「言葉」の内容①から⑩の文章から想像する子どもの具体的な姿や様子について話し合ってみましょう。さらにその姿を支える保育者の援助や環境構成についても考えてみましょう。

Last Mission　Second mission で考えた子どもの具体的な姿や様子について，グループのなかまと協力して，一枚の絵にしてみましょう。（各グループが描いたイラストを全員で共有し，グループごとに発表してみましょう）

提出日　　　年　　　月　　　日（　　）

9章　書き言葉の発達と小学校「国語」

ワークシート

授業日　　　年　　　月　　　日（　　）

学籍番号 _____　　　学生氏名 _____

| First Mission | 園の保育活動および家庭の環境から，子どもが文字に親しむ場面をできる限り多く挙げましょう。 |

| Second Mission | 「文字が読める」ということと「中身がわかる」ということについて，考えたことをまとめましょう。 |

| Last Mission | 幼児教育における文字について，新たな気づきをまとめましょう。 |

提出日　　　年　　　月　　　日（　　）

10章　子どもを取り巻くことばへの援助と課題

ワークシート

授業日　　　年　　　月　　　日（　　）

学籍番号＿＿＿＿＿＿＿＿＿＿＿＿＿＿　　学生氏名＿＿＿＿＿＿＿＿＿＿＿＿＿＿

First Mission　ことばの発達面で配慮を要する子どもの特徴について特に関心をもった内容を書きましょう。

Second Mission　母語が日本語ではない子どものことばの発達を考えるときに，特に大切にすることをまとめましょう。

Third Mission　子どもの遊びの変容に伴い，生じた課題について気づいたことを書きましょう。

Last Mission　ICT機器を保育で活用するときに，気をつけることを書きましょう。

提出日　　　年　　　月　　　日（　　）

11章　遊びとことば

ワークシート

授業日　　　年　　　月　　　日（　　　）

学籍番号 _____　　　学生氏名 _____

First Mission　事例を読み，自分の気づきや考えを書きましょう。書き終わったら，周囲の方と気づきを共有しましょう。

Second Mission　実習などを通して，子ども同士のことばのやり取りの中で，「おもしろい！」「子どもってすごい！」と感じたことを思い出して書き出してみましょう。3人のグループになり，伝え合いましょう。

Last Mission　3人グループになり，「言葉遊び」を3つ調べてみましょう。その中の一つをクラスの前で実践発表しましょう。なお，発表の際は，〔題名・何歳児向き・この遊びを選んだ理由〕を伝えましょう。

提出日　　　年　　　月　　　日（　　　）

12章　保育者のことば

ワークシート

授業日　　　年　　　月　　　日（　　）

学籍番号 _____　　学生氏名 _____

First Mission　マスターしたい敬語を表にまとめましょう。空いているところに入ることばを調べて入れましょう。④，⑤，⑥は調べてみたいことばを入れて，調べてください。

通常用語	尊敬語	謙譲語	丁寧語
①いる	いらっしゃる・おいでになる	おる・おります	います
②たべる		いただく	食べます
③見る	ご覧になる		見ます
④			
⑤			
⑥			

Second Mission　生き物・動物の数え方を調べてみよう。空いているところに数え方を入れましょう。④，⑤，⑥には調べてみたい生き物・動物名を入れ，数え方も入れてください。

生き物・動物	数え方
①ねずみ	1匹，2匹……
②からす	
③うさぎ	
④	
⑤	
⑥	

Last Mission　子どもにことばをかけるときに留意すべきことを一つ挙げ，その理由を書きましょう。

留意するべきこと

理　由

提出日　　　年　　　月　　　日（　　）

13章　児童文化財と保育への展開

ワークシート

授業日　　　年　　　月　　　日（　　）

学籍番号 _____　　学生氏名 _____

| First Mission | 授業で取り上げた児童文化財の中で興味をもったものを挙げ，その理由を書きましょう。 |

興味をもったものの（　　）に丸を書きましょう。

（　　）絵本　　（　　）紙芝居　　（　　）その他（　　　　　　　　　　　）

| Second Mission | あなたの好きな赤ちゃん絵本を挙げ，その理由を書きましょう。 |

タイトル --
作　者 --
出版社 --

| Last Mission | あなたの好きな幼児向け絵本を挙げ，その理由を書きましょう。 |

タイトル --
作　者 --
出版社 --

提出日　　　年　　　月　　　日（　　）

14章　児童文化財を活用した指導計画

ワークシート

授業日　　　年　　　月　　　日（　　）

学籍番号　　　　　　　　　　　　　　　　学生氏名

First Mission　部分実習指導案を立案することを想定して，対象年齢と読み聞かせをする絵本を選んでみましょう。

① 対象年齢　　（　　　　　　）歳児

② 読み聞かせをする絵本

　絵本の題名 --

　作者・出版社・出版年 --

Second Mission　選択した年齢の子どもの姿を調べ，選んだ絵本の内容から，子どもに育てたい「ねらい」を考えましょう。

Last Mission　考えた「ねらい」をもとに，選んだ絵本をどのように読んだら子どもに伝わるかを考えましょう。

提出日　　　年　　　月　　　日（　　）